关键表达

引爆销量的创意策划案

[日]小西利行————著 胡玉清晓————译

中国科学技术出版社
·北京·

PUREZEN SHIKO © 2021 TOSHIYUKI KONISHI
All rights reserved.
Originally published in Japan by KANKI PUBLISHING INC.,
Chinese (in Simplified characters only) translation rights arranged with
KANKI PUBLISHING INC., through Shanghai To-Asia Culture Communication Co., Ltd.

北京市版权局著作权合同登记　图字：01-2022-2008。

图书在版编目（CIP）数据

关键表达：引爆销量的创意策划案/（日）小西利行著；胡玉清晓译.—北京：中国科学技术出版社，2022.11

ISBN 978-7-5046-9759-2

Ⅰ.①关⋯ Ⅱ.①小⋯ ②胡⋯ Ⅲ.①营销策划 Ⅳ.① F713.50

中国版本图书馆 CIP 数据核字（2022）第 143281 号

策划编辑	杨汝娜	责任编辑	孙倩倩
封面设计	仙境设计	版式设计	蚂蚁设计
责任校对	邓雪梅	责任印制	李晓霖

出　　版	中国科学技术出版社
发　　行	中国科学技术出版社有限公司发行部
地　　址	北京市海淀区中关村南大街 16 号
邮　　编	100081
发行电话	010-62173865
传　　真	010-62173081
网　　址	http://www.cspbooks.com.cn

开　　本	880mm×1230mm　1/32
字　　数	175 千字
印　　张	9.25
版　　次	2022 年 11 月第 1 版
印　　次	2022 年 11 月第 1 次印刷
印　　刷	北京盛通印刷股份有限公司
书　　号	ISBN 978-7-5046-9759-2/F・1033
定　　价	59.00 元

（凡购买本社图书，如有缺页、倒页、脱页者，本社发行部负责调换）

目录

绪论　新时代需要的演示技巧　001

掌握演示的人方能掌控商业　004
输入通过输出来完成　006

第一章　掌握演示的模型　009

演示不是终点，而是开始　011
掌握演示的必胜方程式　012
传达重于表达　016
站在对方的立场上　017
为了对方而表达的观念是错误的　019
假设对方一开始就没有在听　021
演示的重中之重是简单　022
演示能否用箭头串起来　024
有趣的含义　030
无法让你达到目标的演示，不是优秀演示　032
掌握优秀提案的终极模板　037

专栏　演示手记1：未来决定过去　041

第二章　确定商业活动的目标　　043

不断提问有利于找到本质目标　045
这个时代需要不断追问"为什么要这样做"的能力　047
发现本质问题　055
愿景是企业、项目、个人以及一切行动的指南　059
愿景是激动人心的未来　060
有了愿景就不会迷茫　062
好的工作要有愿景　064
让苹果公司高歌猛进的愿景　067
愿景能拯救产品，也能拯救人　069
现代版的桃太郎　072
学习特斯拉公司的愿景　075
愿景的成败取决于"如何选择"　078

专栏　演示手记2：自我介绍的正确方式　　083

第三章　在提案中加入共鸣　　085

共同感受所需的事物　087
了解使命、愿景和价值　089
创建商务用语的理解基础　092
只需要"愿景""理念""计划""任务"　095
愿景是"目的地"，理念是"去往目的地的方法"　097

目录

打动人心的三大要素　101
那真的是理念吗　104
如何制定一个能够催生行动的理念　105
学习任何人都能制定的简单理念——对比理念　107
所有提案都是为了打动人心　111
先从不满开始吧　113
成为不满的专家　115
改变世界的秘诀之一在于不要忽视家人或恋人的不满　118
寻找隐性不满　121
隐性不满的关键词是"其实"　124

专栏　演示手记3：求职面试时要有愿景和理念　　　128

第四章　从生活出发思考创意　——131

努力传达信息　133
通过隐性不满和隐性需求来打动人心　136
了解对方的不满和需求则百战不殆　138
隐性需求创造市场，也改变世界　142
答案就在生活中　143
通过生活思维产生创意的生活共鸣图　147
想象让人幸福的场景，就能得出答案　151
如何使用生活共鸣图来销售罐装咖啡　153
通过源头思维和生活共鸣图，迈向更精准的本质问题　155

同时打动演示目标群体和市场目标群体　157
目标用户的深度重于数量　160
从小范围中发现大众的兴趣　162
寻找小型市场　164
让妈妈买睡袍的方法　166
不贴近生活的创意就不是创意　170

专栏　演示手记 4：理念会变，愿景不变　176

第五章　强化传达和销售　179

什么是故事　181
故事能激发人的购买欲　184
通过"功能 + 设计 + 故事"来引爆销量　186
故事是激发购买欲的魔法　188
故事还可以创造大众想要的产品　190
可以通过三种好奇心来判断是否是故事　192
了解改变世界的经典故事　194
如何创作故事　195
故事在新时代的重要性　198
故事的要素　201
如何寻找共鸣标签　204
探索进一步增强共鸣的方法　206
体感记忆是极强的共鸣标签　207
共鸣标签就在身边　209

目录

了解新型故事——叙事　211
那个故事现在还能打动人心吗　214
通过新媒体传播故事　217
故事的进阶——循环故事　221
循环故事也是成长生态系统　226

专栏　演示手记5：13岁时的记忆永远打动人心　　　　229

第六章　做令人喜爱的演示　　　　233

从效率向情感转变　235
演示中是否注入情感　238
从健康生活的视角，将情感注入商业　241
效率与情感之间　245
展示充满情感的愿景　247
如何反驳对方的意见　248
讲自己的故事而非自我吹嘘　253
N=1 的能量　255
不强迫自己讲好故事　257
把三种故事做到极致　259
如何将输入的信息转化为三种故事　261
结交工作伙伴的三个要点　263
尊重现场专家　265
对对方而言是自己的事吗　268

沟通中的推与拉　271
缺乏倾听能力的商务人士　273
成为对方想选择的人　275
对不满保持兴奋，工作与人生都将向好　278

专栏　演示手记6：拥有"质疑能力"　　　　　　　　　280

结语　**过度计划会让魔法消失**　————283

绪论

新时代需要的演示技巧

受新冠肺炎疫情影响，很多企事业单位开始采取远程办公的形式，远程会议也越来越多。这一趋势可能会继续加速，在不久的将来，很多人将不再去公司工作。

开始实施远程办公后，以往工作中的沟通方式也发生了很大的变化。如今，我们必须使用计算机和智能手机与他人交流。比如向客户做远程汇报、和同事开会、给下属提建议、对女朋友表白、与远在他乡的父母视频聊天，甚至向妻子请求"我可以买一个高尔夫球包吗"等都可能以远程的方式进行。

也就是说，今后的交流形式将受到极大的限制。与见面聊天相比，新的交流方式面对的是屏幕，谈话时间也更固定。而且在这种形式下，人很难通过拥抱、手势、眼神和细微的表情变化等向对方传达自己的想法和感情，所以需要更高超的演示技巧。哪怕身为管理者，如果还像以前一样只是在会议室里抱着胳膊看着参会者，也无法体现自己的威严和风度。皱着眉头一言不发，只会变成"不被需要的人"。所以，参加远程会议时，也有人努力像欧美人一样在说话的时候放大身体动作，但我认为这对日本人来说比较难为情，很难一下子就做到。

因此，我们需要做的是让沟通尽可能地简单一点，多说对方想听的话。如果你的提案和你所讲的内容能够获得对方"我很感兴趣""很好理解"的反馈,那么无论依靠何种媒介来交流都不必担心无法准确传达自己的想法。

但要做到这一点需要个人的努力。要让自己的发言简单易懂,就必须准确理解要谈的话题和内容,并用自己的方式消化它们。同时也要站在对方的立场上,用便于对方理解的方式来表达。

通过这样的思考和行动,你的沟通能力将得到提升,你将能够传达你的想法。而且,如果能把自己的想法生动地表达出来,就容易被周围的人评价为有趣的人,然后以这种方式不断输出新的观点。这样一来,不仅在公司内部,在社会上也会受到好评。

▶ 掌握演示的人方能掌控商业

商务人士经常谈论"演示",其内容大多是公司内部或外部的活动演示,但这只是演示中的一小部分。实际上,如果把向上级请示、日常的销售活动、制作促销传单算作演示的话,那么在企划会议上发言、与家人交谈、教育孩子以及组织社群会议也属于演示。所谓演示,是指为了达成目的,思考应该做的事情,向他人传达自己的想法,双方产生共鸣的过程,它能够促使双方共同行动。这样一想你就会明白,演示不仅在商业活动中必不可少，在人生的各个阶段也都必不可少。由此可知，掌握演示的人方能掌控商业、掌控人生。

但是在日本，演示技术尚不成熟。这可能是因为与欧美人相比，日本人很少有机会强烈地表达自我。日本人更擅长一种较为深沉的交流方式，那就是仅通过脑海中的想法来交流。

过去，在日本的文艺行业或商业中，人们崇尚不用说出口便能相互理解。可以说，人们是通过一些碎片化的语言来建立联结的。但是，随着时代的发展，人的个性、商业模式、目标等都变得更加多元化，并开始朝着不同的方向发展，"不用说出口就能相互理解"的模式如今很难行得通。像欧美人那样，有理有据、直截了当地讨论事情，然后签订合同推进工作……这样的方式在日本也不太合适。说到底，一定要以日本人的审美意识为基础，找到一个平衡点。

我认为，现代的演示也和过去一样，不用过多赘述也能相互理解是很棒的。为此需要站在对方的立场上思考问题，提出让对方充分认可的想法，这才是演示的奥义。

站在对方的立场上思考问题，其实就是我们能够做出让对方满意的演示的前提。而且，一旦对内容产生强烈的共鸣，每个人都会以自己的方式行动起来，最终形成一股巨大的浪潮，它将改变时代，引领我们走向繁荣的未来。

接下来要讲的演示思维就是立足于这种优秀演示方法论的思维方式，在它的帮助下，商业以及人生中的一切事物都将朝着好的方向发展。设计思维［移情（empathize）→下定义（define）→设想（ideate）→原型（prototype）→测试（test）］不仅在设计领域，也在科学、政治等诸多领域发挥了良好的作用。演示思维也是如此，它不仅适用于演示，还能促进商业、政治、艺术、生活等领域的发展，是创新思想的催化剂。

我认为，如果不加以表达，那么一切都没有意义。本书中的演示思维会帮助你将那些难以表达的内容表达出来。这一定会成为你事业的助推力，也会让你的人生更加闪耀。

▶ 输入通过输出来完成

迄今为止，我写过数万条广告语，制作了500多个电视广告，为100多个商业品牌做过策划，还曾多次为酒店、城市规划部门等做过传媒设计。出于这些工作的需要，目前为止我至少做了上万次演示。

说实话，我并非一开始就喜欢做演示，我也不是很擅长讲话。我原本很不习惯看着别人的眼睛讲话，大家一起交谈时，有时我会想要逃避。但是，现在我手上经常有100多个项目在运转，每天都在忙着做演示。怎么会这样呢？我想是因为我开始喜欢上了演示。

抱着愉悦的心情去做事，任何事情都会变得有趣，很多想法也会自然涌现出来。因此，我一直以此为目标，演示遇到困难时，我就把它当成"游戏"来面对，游戏内容就是解决我所遇到的问题。而且，我会把所有解决过的问题转化为简单易懂的关键词，并将由此产生的方法论付诸实践。如今，我依然享受着演示这一游戏。

本书囊括了已经开发的方法论，其中浓缩了我从过去到现在的烦恼和痛苦，以及克服困难的方法与思维。并且，我很愉快地践行着这些方法论。因此，我认为本书的读者无论是初学者还是专业人士，都能根据自身所处的状况轻松理解书中的内容。

第一章，我将为大家介绍演示制胜的终极模板。第二章，我将帮助大家了解如何创建演示所需的问题和愿景。第三章，我们将学习如何打动人心，引起更多人的共鸣。第四章，我将介绍如何思考创意以加速业务发展。第五章，我们将进一步以"传达演示内容"为目标来思考故事。第六章，我将从更广泛的角度探讨如何在新时代做出令人喜爱的演示。

以上就是本书的内容框架。如果全部阅读并付诸实践，相信你也能做出优秀演示。不过，重要的是不仅要阅读，还要尝试，要不断地实践练习。从我的经验来看，输入的内容要通过输出才能变成自己的东西，为自己所用。因此，不要急于求成，要抱着"理解能理解的部分"的态度来阅读，并尽可能多地尝试。这样一来，我们会更深入地思考，也就能提出能够传达给对方的企划或提案。

那么，请带着轻松的心情进入一个全新的演示世界吧，从不擅长做演示的人进化为不断提出有趣提案的人。

小西利行

第一章
掌握演示的模型

▶ 演示不是终点，而是开始

做演示要有正确的姿态，那就是"为了达成目标，思考应该做的事情，向他人传达自己的想法，以引起对方的共鸣并促使演示成为双方共同行动的契机"。我认为这是十分重要的思维方式，它不仅适用于演示，也适用于商业活动和整个人生。但是，一般的演示往往会过于注重演示本身，而忘记付诸行动、做出成果。演示获得了很好的评价，之后却被搁置，没有任何后续行动，这样的情况不在少数。演示不仅需要在当场引起共鸣，营造出热烈的氛围，更重要的是导向行动，创造成果。

为了更加充分地认识到这一点，每次演示前我都会提醒自己"这个提案不是终点，而是开始"。有时候我会向对方承诺"10年后，该产品的价值会翻倍"，正因为有这样的意识，我才能与很多合作对象保持10年以上的合作关系。实际上，受益于我的提案，产品的销售额翻了10倍甚至100倍的情况也不少。我所做的一切不是为了演示当场的1小时，而是想到之后的1年、10年、50年。我们要为了将来考虑，做出能够催生行动，取得成果的演示。

演示的目的在于创造未来,并不是当场提案完成之后就大功告成。现在固然重要,但我认为几年后的未来更加重要。正因如此,我们才不能只拿出能够克服眼前困难的"强心针",而是要提出一个既能解决当下的问题,又能实现激动人心的未来的计划。

也许有人会想"太麻烦了,感觉好像很辛苦……",确实如此,能够规划客户和自家公司未来的演示做起来不可谓不辛苦。但是,这的确是一件很有意义的事,而且并没有想象中那么困难。只要你记住某种模板,就能做出可以创造未来的演示。

```
演示能够打动人心
       ⬇
    为了实现目标,
   思考应该做的事情,
  将自己的想法传达给对方,
     引起对方的共鸣,
  并使之成为共同行动的契机。
```

▶ 掌握演示的必胜方程式

那么,我们就来聊聊演示成功的模板到底是什么。实际上,能够创造未来的演示都有一个共同的模板,也就是"必胜方程式"，我所有的演示都遵循这个模板。下图就是我的演示必胜方程式。

> 演示
>
> 问题→未来→实现方案

先从整理问题（任务）开始；接着描绘目标，即未来（愿景）；最后提出实现这一未来的可行方案（理念+计划）。这个流程正是我根据自己的经验总结出的必胜方程式，是我的制胜法宝。

因为只有三个简单的主题，所以提案的内容非常简单。在实际演示中，也可以根据这个方程式告诉对方"贵公司现在是这样，将来会变成这样，可以用这个方法来实现"。这样的演示框架清晰，主旨清楚，对方也很容易理解。

> （问题）　　　（未来）　　　（实现方案）
> 现在是这样→未来会变成这样→用这个方法

也许你会说"啊？只有这样吗"，是的，就是这样。实际上，我就是用这个方程式来做演示的。只要按照这个流程来进行提案，做出的演示就很容易引起对方共鸣。另外，如果按照这个方程式来思考的话，就不需要反复思考让人头疼的演示形式了，从而将更多精力放在对演示内容的思考上，并取得飞跃性的进步，这也是很重要的一点。也就是说，在提出方案和进行思考的时候，都可以使用这个必胜方程式。

请摒弃"演示很难"的固有观念，实践这个必胜方程式。只有这样，才能让演示获得成功。

必胜方程式如下图所示。根据这个图我们更容易理解演示的框架以及在演示中应该讲的内容，而且，按照这个方程式做出的提案也更容易获得认可。我们日常生活中也会遇到接受他人提议的情况，其实现实中大多数被接受的提议都是基于这种"问题→未来→实现方案"的逻辑被提出的。

```
     1              3              2
 现在是这样        用这个方法      未来会变
                                  成这样
 开始！                                    目的！
    问题    →→→ 实现方案 →→→    未来
   （任务）     （理念+计划）     （愿景）
```

例如，在医院，患者和医生之间展开了如下对话：

"你的胃部有息肉。"

"啊，医生，麻烦您想想办法。"

"不要担心，一个月后你就可以和你的孩子一起玩了。"

"要怎么治呢？"

"我们会用××方式为你治疗。"

"那就拜托您了，医生。"

现在身体情况如何？治疗后，可能恢复到哪种程度？医生需要弄清问题所在，明确未来的目标，在此基础上将治疗方法告知患者，就能让患者放心地把自己交给医生。相反，如果医生不告知患者现状，也不告知患者治疗后可能的恢复程度，就说要动手术的话，患者一定会感到不安。如果在患者不知道自己的身体哪里出了问题时，医生就说"我要切除你的胃"，这样患者只会想逃跑吧。

但令人意外的是，在商务场合，类似这样突然提出"切除你的胃"的提议却很常见，那些只强调创意和计划的演示者就是这样。"贵公司想要顺利发展，只能依靠这个创意"，或者"这个产品最适合这样的宣传活动"，如果一直说这样的话，对方非但没有头绪，反而还会怀疑"你真的了解我们的情况吗"。因此，关键在于告诉对方"贵公司目前的状况是这样的""未来会变成什么样"，以此引起对方的共鸣。

看上去似乎有些绕弯路，但在演示者描绘未来的图景后，对方的目的会更加明确，演示者提出的计划也更容易引起共鸣，因此对方做决策的速度反而会更快。

▶ 传达重于表达

那么,什么是演示的基础呢?那就是打动人心。为此,我们需要把困难的东西以简单的方式说出来,以引起对方的兴趣。如果能将自己的想法传达给对方,让对方产生共鸣,就能顺利推动事业和人生。演示的核心就在于"打动人心"这一简单的目的。

我年轻时不擅长做演示,但只有意识到这个目的,才能提出能引起他人共鸣的提案。而且,那个时候我的方针是"传达重于表达"。放弃"我已经告诉对方了,之后的事情就不归我管了"这种逃避责任的想法,不断完善提案,直到把自己的想法完全传达给对方,这种意识上的转变会让一切都变得不同。

从那个时候起,我开始认识到"能够把复杂的事情简单化的人,才是优秀的"。世界上也有人用复杂难懂的语言让自己看起来好像很聪明,但事实上,把难懂的内容变成大家都能理解的简单内容才是聪明的表现,而且后者要比前者难得多。尽管如此,我依然选择朝着困难的方向前进,因为这样能被更多人接受,让更多人喜爱,也能为更多人带来幸福。

要让更多的人对产品和自己的想法产生共鸣,先要将相关信息传达给尽可能多的人,这就需要简化信息。因此,我的目标是把复杂的事物变简单,争取让所有人都能产生共鸣。难懂的内容中也蕴含着乐趣，在理解这种乐趣的基础上尽可能以通俗易懂、能让人产生兴趣的形式将其呈现出来。这是我的做法，也是本书的基本理念。我执着于此，是因为我认为这才是演示的本质。我演示的目的是把提案内容深入地传达给对方，让对方感同身受，进而愿意和周围的人分享我的演示内容。为此，我有必要让演示的内容简单易懂，我认为这种意识在今后的时代是非常重要的。

▶ 站在对方的立场上

经常有自认为不擅长演示的人来向我请教，从学生到经营者，各种各样的人站在各自不同的立场上，他们都表示想提升自己的演示能力。这种时候我会先告诉他们："请站在对方的立场上讲话。"因为这是迈向成功演示的第一步，只有做到这一点，才能做出优秀的演示。

请试着站在对方的立场上，重新思考如何才能让对方顺畅理解？说什么才会让对方感兴趣？这样就能更加客观地看待自己的演示内容，意识到"这样说对方不能理解""这样不会让人产生兴趣""我说的话太长了"等，从而改进自己的演示，使之更容易被接受。换句话说，就是要站在对方的立场上思考、创造、表达。只要你意识到这一点，演示就会有很大的改进。有好几次下属听从我的建议这样做了之后，就做出了简单易懂且十分有趣的演示。

我的口头禅之一是"答案在对方身上"。从长期的经验来看，我认为这的确是事实。任何时候，我们向对方传达的都是自己的想法，但站在对方的角度就会明白，关于如何传达想法是有答案的。

我很喜欢的落语家[①]立川志之春说过："我会根据观众的想法改变表演的内容和形式，这样观众才会觉得有趣。"设身处地为对方着想，这也是将艺术发挥到极致的答案吧。就像戏剧一样，从观众角度出发尤为重要。当然，演示也是如此。演示者如果能站在对方的角度观看自己的演示，掌握这一技能，就能离优秀演示更近一步。我想也有很多人会说"我知道站在对方的立场上思考很重要"，这并不是什么新奇的想法，很多公司的口号中也有"客户思维"这样的关键词。既然如此，为什么我要在本书的一开始把这一点拎出来讲呢？因为"站在对方的立场"才是企划和演示中极其重要的一点，而很多企业和个人都无法做到这一点。

---

① 专门从事落语演出的人。落语是日本的传统曲艺形式之一，类似于中国的单口相声。——译者注

▶ 为了对方而表达的观念是错误的

说到站在对方的立场上，常有人会问"那为了对方而表达，这样就可以了吗"，这种想法大错特错。"为对方做的事"不等于"对方所期望的事"。很多时候即使出发点是为对方着想，结果却往往把自己想做的事强加给对方。

2020年春，为拯救经营陷入困境的某餐饮店，很多活动团体为该店提供了资金支援。被问到相关问题时，餐饮店的主厨表示："虽然我很感激大家，但如果是被施舍的话，我们的自尊心会受伤，身为专业人士，我想为大家提供美味的食物作为回报。"因想帮助对方而捐款，这在某种意义上是一种捐助者逻辑。但是，如果站在被捐助者的立场上思考，就能理解对方的真实想法，他们想为捐助者提供美味的食物，获得捐助者的认可，以此作为回报。学会换位思考后，人们就会对很多事情有不同的认知。

在做演示、开会、给他人提建议、管教孩子，甚至求婚等场景中，有的人总是心里想着"为了对方"，但会不自觉地流露出非常自我的一面。而且他们在这样做的时候还会朝着对自己有利的方向辩解："我只有拼命向对方传达我的想法，对方才能接受，这对对方也是有好处的。"而对方可能因不喜欢跟太过自我的人打交道，而只好微微一笑，敷衍了事。

刚交往的恋人为了了解对方而进行较多的自我表达，这种情况另当别论。一般的对话中，如果一方试图将自己的想法强加于人，另一方可能会表现出"我就随便听听"的敷衍态度，对话往往就会在这样的氛围中结束。

如果演示涉及商业合作和工作职责而演示者过分强调自我，那么沟通会变得困难，对方通常除了"我公司需要的内容"，会过滤掉其他内容。因此，在演示时最好有"大部分内容都不能很好地传达给对方"的心理准备。

我认为所有的演示都是从对方意兴阑珊开始的，而且，演示的本质就在于将对方不感兴趣的内容转化为对方感兴趣的内容。因此，我们才应该主动靠近对方，向对方传达自己的想法。也许有人会说"不，对方也应该向我们靠近"，但为了不把演示成功的主动权拱手让人，我们应该从自身开始行动。

> 要意识到，
> 为对方做的事，
> 基本上都是自己想做的事。

▶ **假设对方一开始就没有在听**

要向对方靠近，很重要的一点是以对方一开始就没有在听为前提进行思考。很遗憾，"大家都在听我的演示"这种想法只是一厢情愿。即使所有出席者都在点头，他们也未必在认真听你发言。如果对你讲的话题不感兴趣，有的人会心不在焉地点头，有的人会想别的事情，如"今天晚上吃什么"。远程会议中，有的人会一边对着屏幕随声附和，一边回其他信息，这就等于没有在听，不听就不会产生共鸣，当然也就无法达成共识。因此，重要的是让没有听你演示的人听你的演示。说起来好像有点绕，其实意思就是假设对方一开始就没有在听，思考如何让对方听，这是"传达性演示"的第一步。

演示是有对象的，所以有人会说"演示结果如何，全凭运气"，但我认为这种说法是完全错误的，即便成功与否不由自己决定，你也要抱着必胜的信念，这会改变你的演示。

"对方一定在听"的态度意味着你将演示成功的主动权交给了对方。反之，假设对方一开始就没有在听，从而产生"我一定要做一个让对方想听的演示"的想法，这样你才会把决定演示成功的主动权牢牢把握在自己手里。

那么，怎样才能让无心听演示的人听自己的演示呢？答案很简单，那就是"以对方想听的方式来表达"。恐怕很少有人会认为这很容易做到吧。的确，道理说来简单，实践起来却并不容易。本来就不知道对方想听什么，况且如果真的要为了扶持对方而进行提案，可能会说出一些让对方听着刺耳的话。让对方想听自己说的话，这确实是一个难题。不过，认识到这个难题的存在就是良好的开端。然后，将对方想听和不想听的内容都努力转化为对方想听的内容，这样就能做出简单易懂，容易被大家接受的演示。凭借这一点，你的提案就会开始被认可，事业也会有飞跃性的进展。

> 将对方想听
> 和不想听的内容，
> 都转化为对方想听的内容，
> 以这样的方式来表达。

▶ 演示的重中之重是简单

那么，要让对方愿意听，进而让演示离成功更近一步，应该重视什么呢？创意的质量？数据分析？事前收集的信息量？表达方式？营销能力？还是干劲和毅力？我认为上述每一项都很重要，但为了演示的成功，我更重视的其实是"简单"。

　　我过去见识过的前辈们所做的优秀演示，其内容都非常有趣，有趣到让人无法不感兴趣。而且这些演示有一个共同点，那就是足够简单，以至于几年后我仍然记得内容。简单的演示容易被理解，能引起共鸣，从而被长久地记住。当然，这里所说的简单并不是指用一张纸来进行演示这种形式和视觉效果上的简单。

　　那么，这里所说的简单是怎样的简单呢？答案是逻辑的简单性。主旨明确、逻辑清晰、发言流利，逐一给出对方想听的内容和想要的信息，最终提案也很有记忆点，这就是我理想中的优秀演示。为了接近这一理想，我想到了之前讲过的必胜方程式。以这个方程式为框架，演示的逻辑展开会更简化，演示的接受度也会提高。也就是说，只要使用必胜方程式，任何人都能做出出色的演示。

　　如果演示中的逻辑不连贯，即使你用华丽的画面让演示看起来酷炫，也只会让对方感觉混乱。即使做出很吸引人的演示材料，如果讲得乱糟糟的，对方也无法理解。置客户和领导于不顾，让对方费力理解你讲的内容，这是非常糟糕的演示。反之，如果逻辑简单，能够让人不由自主地记住，这样即便没有华丽的演说和细致的解释，也会让人觉得这是一个很好的提案。

　　不要为了让人理解而在演示中疯狂添加说明，而是要做出让人单纯听完整个流程后就能理解的简单提案，这才是我们所追求的优秀演示，它符合新时代的演示标准。

可能很多人会觉得"但是，要做出这种简单的演示很难啊"，的确如此。接下来我要介绍的，就是能轻松验证你所做的演示逻辑是否简单的方法，它就是由我设计并付诸实践的"箭头检查法"。

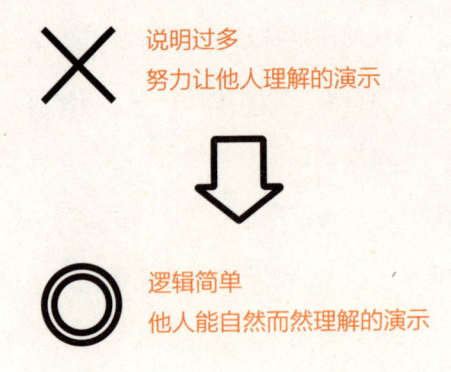

✕ 说明过多
努力让他人理解的演示

⬇

◎ 逻辑简单
他人能自然而然理解的演示

▶ 演示能否用箭头串起来

箭头检查法是我在思考演示内容或验证企划书时实际使用的一种方法。只要使用这个方法，演示的逻辑就会变得非常清晰，你就能实现理想中的简单演示。

箭头检查法用起来很简单。只需用箭头（→）把演示内容串起来，确认它们是否可以顺利连接就可以了。完成整个演示流程后（即使内容不太紧凑也没关系），请你按照"问题→未来→实现方案"的顺序依次将演示内容用箭头进行连接，这样就会出现箭头连不上的地方，这就是逻辑的破绽所在，必须进行修正。

只要使用箭头检查法，
就能轻松找到逻辑破绽。

你如果发现"咦？箭头连不上"，就请思考如何填补这个缺口。例如，添加创意或制作一些让逻辑连贯的页面等。总之，在考虑箭头连接问题的同时反复检查，就能让演示的逻辑清晰连贯。如果你作为领导要检查下属的演示材料，请告诉他们先用箭头检查法进行自查，这样他们大概率会做出出色的演示内容。

实际上，很多演示都是逻辑有破绽，难以被理解的。如果你的演示逻辑连贯，基本上就能进入优秀演示的行列了。

画箭头的话，任何人都会意识到"前后关联"，这样一来就容易感受到逻辑漏洞，看穿逻辑中的破绽。在这个过程中，重要的是你要把"这里可能有联系"这种若有似无的联系也视为逻辑破绽。然后反复推敲这个有破绽的地方，直到你认为逻辑完全连贯为止。只要能做到这一点，你就能做出逻辑清晰、易于理解的演示。

> 问题→未来→实现方案
> 如果所有想法都能用箭头连接起来，这就会是一个不错的提案！

我用实例来说明吧。几年前，我公司的团队成员在做日本东北棉项目的演示时，在确认演示材料的时候进行了箭头检查。然后，我们通过检查提出了新的企划，做出了一个简洁明晰的提案。

日本东北棉项目是由音乐制作人小林武史[①]发起的一个项目，其内容是在因2011年3月11日日本大地震而遭受盐害，很难

[①] 日本流行音乐界监制，曾获得第6届上海国际电影节金爵奖。——译者注

种植农作物的土地上种植耐盐的棉花，从而重建农田。我在地震后不久就参与了这个振兴项目，但这次我们收到的委托与振兴无关，甲方希望我们拿出能够让日本东北棉持续畅销的提案，像今治毛巾[①]一样成功地进行品牌推广，以促进产品将来能够畅销。

　　针对这一委托，团队成员最初想要呈现的演示内容，简单来说就是每年举办日本东北棉音乐节，拉拢人气，带动销售。因为这个项目的发起人小林武史刚好是一位音乐制作人，所以我也认为这不失为一个很好的创意，但是我在对演示内容进行箭头检查的时候，发现其中一部分逻辑并没有连接起来（见28页图）。

　　举办音乐节可以聚集很多人，或许日本东北棉制品会因此一时大卖。但是参加活动和打造棉花品牌并没有直接联系，不能用箭头连接起来。

　　因此，我让团队成员思考一下如何修改才能使箭头衔接不畅之处变得逻辑自洽。不久之后，在保留音乐节创意的同时，他们又加入了新的想法，做出了新的提案（见29页图），即举办穿日本东北棉制的白T恤就能免票入场的"白T恤音乐节"，以此拉拢人气，带动日本东北棉的销售。

[①] 日本知名毛巾品牌。——译者注

日本东北棉项目

问题

日本东北棉作为日本东北部灾后振兴的象征，带给了很多人勇气。

↓

因此，日本东北棉带有比较明显的振兴标签，而不是让人想要入手的棉花品牌。

↓

不要给日本东北棉贴上振兴标签，要把它打造成更有趣的棉花品牌。

对棉花品牌而言，重要的是让人感受到它的优良品质。

↓

未来

很多人表示，日本东北棉质量很好，只要触摸过它就会想穿它制成的衣物。

将日本东北棉打造为年轻人认可且乐于穿着的棉花品牌。

↓

实现方案

因为小林武史的关系，项目发起方在音乐方面很擅长。 ————— 太唐突。

↓

举办日本东北棉音乐节，实施宣传日本东北棉的计划。 ————— 音乐和音乐节有关系，但和棉花品牌没太大关系。

↓

每年举办日本东北棉音乐节，多多创造让大家接触日本东北棉的机会。 ————— 活动如果不能受到年轻人欢迎，就无法持续下去。

↓

在音乐节的加持下，将日本东北棉打造为持续畅销的品牌。

日本东北棉项目（修订）

问题
- 东北棉作为日本东北部灾后振兴的象征，带给了很多人勇气。
  ↓
- 因此，日本东北棉带有比较明显的振兴标签，而不是让人想要入手的棉花品牌。
  ↓
- 不要给日本东北棉贴上振兴标签，要把它打造成更有趣的棉花品牌。
  ↓

未来
- 对棉花品牌而言，重要的是让人感受到它的优良品质。
  ↓
- 很多人表示，日本东北棉质量很好，只要触摸过它就会想穿它制成的衣物。
  ↓
- 将日本东北棉打造为年轻人认可且乐于穿着的棉花品牌。
  ↓

实现方案
- T恤和音乐节的适配度很高，所以打造一个和音乐有关的棉花品牌会很有趣。
  ↓
- 因为小林武史的关系，项目发起方在音乐方面很擅长。
  ↓
- 举办"白T恤音乐节"，穿着日本东北棉制成的白T恤即可免票入场。
  ↓
- 数以万计的人通过实际购买和穿着白T恤，了解到了日本东北棉的优质。
  ↓
- 全员统一穿着白色T恤，大家会愿意在社交网络上分享这一场景。
  ↓
- 音乐+活动将造就一个很酷的品牌。
  ↓
- 每年举办棉花节，多多创造让大家接触日本东北棉的机会。
  ↓
- 在音乐节的加持下，将日本东北棉打造为持续畅销的品牌。

箭头检查法可以让我们发现演示中存在的漏洞，从而酝酿出新的想法来弥补这些漏洞。确实，以"白T恤音乐节"为契机，上万件日本东北棉白T恤会被抢购一空。大家也因此实实在在触摸到了日本东北棉的质地，感受到了其优良品质，一大群人穿着白T恤的形象也随之在社交网络上传播开来。可见这的确是一个不错的方案。发现演示中逻辑不连贯的地方，反而让团队成员找到了有趣的思路。

▶ 有趣的含义

到目前为止，我已经多次提到"有趣"这个词了，那么在商业和演示中，有趣究竟指什么呢？是奇思妙想？是从未想过的内容？还是令人捧腹大笑的语言？

我们通常所说的有趣，一般是指上述三点中的一点。但是，就演示而言，有趣是指能有效解决问题的原创想法。

即使是华丽的、具有革新性的事物，如果不能解决企业和社会的问题，那也是无趣的。企业并不能在感觉很厉害但是解决不了问题的想法中找到价值。反之，"居然能解决问题"的令人惊喜的方案对企业来说才是有趣的。因此，提出解决问题、创造未来的原创想法的必胜方程式，以及明确其中各项内容之间关联的箭头检查法就显得尤为重要。

　　话说回来，在制作演示企划书时，很多人因为担心有逻辑破绽，一开始就试图构建一个缜密的逻辑，而我则会先大致罗列一下问题和想法。因为这样不仅能提高工作效率，还能找到多种实现方案，成为催生有趣想法的契机。

　　实际上，从我的经验来看，一开始出现的逻辑破绽更容易催生有趣的想法。因为当我们发现问题时才更有可能想出一个点子来解决这个问题。同理，当我们试图修复某个逻辑破绽时才更容易想出对应的方法，而这些方法是很难凭空出现的。我们通过箭头检查法发现破绽，为了解决这个破绽而产生很多之前从未有过的想法，日常工作中常有这样的情况，就像上文提到的"白T恤音乐节"一样。我也是这样，在练习连接逻辑的过程中就能冒出很多有意思的想法。

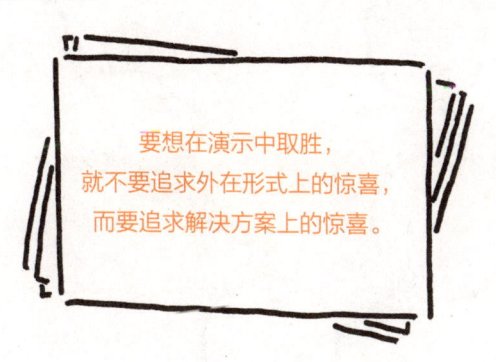

> 要想在演示中取胜，
> 就不要追求外在形式上的惊喜，
> 而要追求解决方案上的惊喜。

▶ **无法让你达到目标的演示，不是优秀演示**

　　现在这样说或许有点唐突，但是请试着想象你身边有一根绳子。用这根绳子将起点和终点连接起来。途中，绳子的材质变了，颜色变了，质地和形状也变得更有趣，但这根绳子始终将起点与终点相连。这就是一个优秀演示该有的样子。优秀演示一定会用牢固的逻辑将当前的问题与问题解决后的未来连接在一起。反过来说，当逻辑紧密相连时，无论你中途冒出多么新颖奇特的想法，都能将意图很好地传达给对方。如果在你演示的过程中出现了逻辑破绽，起点（问题）和终点（未来）模糊不清，那

有了规则，
就更容易跳向有趣的想法！

问题

未来

实现方案

想法

么无论你的想法多有趣，也无法与对方达成共识，演示自然不会成功。这就是前面提到的必胜方程式和箭头检查法如此重要的原因。在一条牢固的逻辑链上描绘问题、未来以及实现方案，这才是优秀演示。

因此，重要的是，你需要先让对方能联想到这条逻辑链，因为这样才可以从解决问题、面向未来的绳索跳向真正有趣的想法。

有时也会有人提出疑问，如"如果确定了起点和终点，可提出想法的范围就会变得有限""如果只有单一的逻辑链，演示会不会变得死板"等，但我认为恰恰相反。在前文中，我也提到过，通过缩小思考范围、限定能做的事情等方式来降低思维的自由度，这样反而会提高我们创意的自由度。也就是说，我们这样做更容易想出有趣的点子。

有一种说法是，与其给孩子100种颜色的蜡笔，不如只给他们3种颜色的蜡笔，这样他们会创作出更具创造力的画作。在哈佛大学进行的商业演示中，比起100万美元的本钱，0美元的本钱更能使人创造出划时代的商业提案。自由固然重要，但如果我们太过自由，就很难产生创意。做演示时，我们按照"问题→未来→实现方案"的框架来思考，会比随心思考容易很多，这样也能够提出更多的计划以及更有趣的提案。

像这样，以必胜方程式为基础，更容易提出有创意的提案。实际上，它还有一个好处，就是让对方安心。如果你的演示让对方感到不安，那必然是不可取的。因此我们要让对方理解，演示中的所有内容都是在好好地朝着目标前进。要做到这一点，你在演示的过程中让对方按照必胜方程式联想演示的逻辑链是非常有效的。

不告知目的地的神秘巴士令人兴奋，但没有人愿意观看神秘演示，无论它看似多有趣。如果你忍着看了很长时间，到了最后才发现终点错了，就会很无奈。因此，对于对方来说，在目标不明的情况下接受一个看似有趣的提案，反而会感到不安，我们做演示时必须意识到这一点。如果你做出了非常有趣的提案，却迟迟无法在演示中被采纳，那可能是因为你没有分享演示的目标。如果目标不明确，对方就不清楚这个演示是否有趣，就会感到不安，所以不予采纳，这种情况出乎意料地多。

综上所述，设定一个演示目标（未来）极其重要。不过，如果你设定的目标过于简单，也会导致整个商业活动的失败，因此务必多加注意。例如，如果你将过去的成功方案作为演示目标，那么可能就不需要新的想法了，这样一来商业活动会很难进步。而且这样做还有一个弊端，那就是年轻人的新想法很难得到实现，这会导致他们的积极性下降，让他们感到疲惫。此外，简单的目标设定，如"让我们用过去成功过的方法实现销售额翻倍""加入流行的颜色就好了"等，也可能会毁掉项目和企业的价值。

> 过去的成功方案，
> 未必能在未来实现创造性产出。
> 过去的成功者，
> 未必是未来的成功者。

如果你能在演示中认真设定目标，就能更接近商业上的成功。不过，简单的目标有很强的吸引力，想要摆脱它们并不容易。那我们应该怎么做呢？其实，只要问自己一个问题就可以了。

所谓目标，就是我们应该追求的未来。而这个未来，也是我们共同生活的世界。这样一想，就自然出现了一个问题，那就是我们自己想生活在"销售额无条件翻倍的未来"或者"商品的颜色多样性增加的未来"吗？不要回避这个问题，意识到它的存在并认真思考，这才是一切的开始。设定的目标过于简单，可能会给我们自己和公司带来不太愉悦的未来。请务必认真思考"我真的想生活在那样的未来吗"这一问题。实际上，这也是我们设定目标的方法。

当前的时代很复杂。商业活动的难度与十年前不可同日而语，市场形势变化的速度也日益加快。而且，人们过往的成功经验未必适用于未来，这个社会需要的是能够适应新价值观的商业活动。正因如此，我们需要的不是简单的目标，也不是由此产生的让人感觉似曾相识的实现方案，而是设定一个能与本质性问题产生共鸣的目标。而且，为了实现这一目标，不仅需要过去的成功者，还要积极启用年轻人等具有新价值观的人，以挑战新的想法。

> 我们先要做的不是寻找答案，而是找到真正目标。

在这个急剧变化的时代，即便是依据新的价值观制定的具有创新性的方案也会很快过时。因此，重要的不是寻找眼前的答案，而是设定真正目标。设定了真正目标后，一系列优质问题就会随之诞生，如"为什么要朝着那个方向前进？""为什么现在还没有实现目标？"等，然后根据这些问题不断提出当下所需的实现方案。不要突兀地去寻找创意，要从寻找真正目标着手，我认为这才是获得好创意的最佳途径。

▶ 掌握优秀提案的终极模板

在本章的最后，我将详细说明必胜方程式的三项内容，同时我也将为大家介绍必胜方程式的终极九项，只要照着它做，任何人都能做出优秀的演示。说是终极，其实内容很简单。只要将本章开头提到的"现在是这样→未来会变成这样→用这个方法实现"进行细分和深化即可。终极九项既是提案模板，也是思维指南。请一边比照终极九项一边做演示。

至于愿景和理念等尚未解释的术语，我将在后面的章节中详细说明，所以建议大家现在遇到这些术语的时候可以先粗略地看一下，再次阅读本书的时候再来好好理解它们。那么，就让我们接着往下读吧。

> 问题→未来→实现方案

我先从演示开头必不可少的问题部分开始说起。

要提取问题，就必须梳理对方（客户、你所在的公司、所属的项目等）从过去到现在积累的问题，从中筛选出应该解决的问题。问题包括三个方面的内容：①公司内部问题；②社会问题（可持续发展目标等社会性问题）；③本质问题。

所谓本质问题，并不是指给定的问题或者显性的问题，而是

> **这样就能做出优秀演示！**
> **必胜方程式的"终极九项"**
>
> **【问题】**
> **①公司内部问题：** 梳理出从过去到现在的问题点，找到企业应该克服的地方（产品、项目、人员等）。
> **②社会问题：** 提取与演讲主题相关的可持续发展目标和超智能社会等社会目标以及老龄化、环境问题、人口不足等社会问题。
> **③本质问题：** 从公司内部问题和公司外部问题中选出的核心问题，即"实际想要解决的问题"。
>
> **【未来】**
> **④隐性需求：** 能引起很多人的共鸣，但尚未被公开提出的需求。隐性需求是社会发展的预兆，它可以从隐藏在大众和社会中的"隐性不满"中发现。
> **⑤愿景：** 能让相关人士欢欣雀跃，产生强烈共鸣的未来。它是企业、项目应该实现的中长期目标。
> **⑥项目目标：** 为实现愿景而制定的中短期目标。它是项目的里程碑（节点）。
>
> **【实现方案】**
> **⑦理念：** 如何实现愿景（或项目目标）。它是基于企业资源的现实战略。
> **⑧行动计划：** 能够将理念具体化，并打动人心的原创想法（商品、服务、促销、宣传活动等）。
> **⑨执行方案：** 为实施行动而进行的团队搭建、人员配置等。

指真正需要解决的问题。本质问题应该在问题①和②的基础上来发现，这也是提案中很重要的一点。关于本质问题，我会在之后进行详细说明。简单来说，本质问题就是伴随着发现的问题，如"我们其实想要……""我们其实想解决……"。请大家务必记住，在今后的时代，设定本质问题比找到创意更重要。

> 问题→<u>未来</u>→实现方案

接下来是未来部分，它是指要树立的目标。也可以说它是能让对方产生共鸣的对未来的想象，让对方觉得"我们（公司）希望未来变成这样""我对此感到兴奋"。"未来"部分包括：④隐性需求（大家都有同感但还没有正式被确立的需求，我将在第四章详细说明）；⑤愿景（让员工和目标群体欢欣雀跃、产生强烈共鸣的未来，即中长期目标）；⑥项目目标（在实现愿景之前，我们必须通过的几道关卡，即中短期目标）。

> 问题→未来→<u>实现方案</u>

最后是实现方案。顾名思义，实现方案就是解决问题、实现未来的方法，也可以说是基于社会和公司内部状况，思考如何才能实现目标，即目标的可实现方案。这部分内容包括：⑦理念（中长期理念、战略）；⑧行动计划（实施措施）；⑨执行方案

（执行计划的框架，人员的配置，包括推进上述步骤的人员配置及团队建设）。

包含以上终极九项内容的演示会更具说服力，也更接近优秀演示。另外，在前文中我也提到过，如果有必胜方程式就会更容易思考，我认为遵循这九个主题来思考会比无规则思考要容易得多。只要你分别考虑并设定这九个要素，演示中的逻辑就会变得清晰。

如下图所示，我在必胜方程式的图中加入了终极九项，供大家参考。在这张图的基础上再来思考上文所讲的"终极九项"就更容易理解了。当然，你可以如实地按照这九个要素来做演示，也可以根据自己的风格进行调整。总之，只要你以这张图为基础，就能做出比以往内容更扎实、逻辑更清晰的演示。

1　　　　　　3　　　　　　2
现在是这样　　用这种方法　　未来会变成这样

开始　　问题　　实现方案　　未来　　目标
　　　（任务）　（理念+计划）（愿景）

①公司内部问题　　⑦理念　　　　④隐性需求
②社会问题　　　　⑧行动计划　　⑤愿景
③本质问题　　　　⑨执行方案　　⑥项目目标

图解"必胜方程式"+"终极九项"

专栏

演示手记1：未来决定过去

我在做企划和提案时，有一个非常重要的座右铭——不是"迄今为止"决定着"从今以后"，而是"从今以后"决定了"迄今为止"。这是日本理论物理学家佐治晴夫的话。自从听到这句话的那天起，我的行为模式就发生了很大的改变。我在书籍和演讲中都提到过，这就是我人生的行动指南。

过去的前方就是未来。因此，过去的积累会决定未来。但是，毫无疑问的是，当你憧憬中的未来很美好时，过去的回忆也会变得积极起来。在知道这句话之前，我是那种常常对过去懊悔不已的人，但是现在，无论多痛苦的时候，我都能积极地面对未来。因为我认为，只要我们憧憬着未来，过去的痛苦也好，悲伤也好，就都会变成实现未来的一部分，成为推动自己前进的力量。

因此，在我的演示中，总会在阐述问题之后描绘未来。即使当前的问题很严重，会带来不利的结果，但只要我们憧憬未来会变得美好，这个问题就会变成孕育光明未来的契机。我总是在问题和未来之间来回穿梭，思考着与当下的问题相连接，同时又能实现令人激动人心的未来的方法。

　　请大家不要局限于当下所面临的问题，热切地期待未来吧。唯有如此，我们才能拥有创造美好未来的力量，而这股力量会带来感动、共鸣和信任。

第二章
确定商业活动的目标

▶ 不断提问有利于找到本质目标

在上一章中我讲过"简单的目标设定可能会毁掉项目和企业的价值""不要突兀地去寻找创意，要从寻找真正目标开始着手，我认为这才是获得好创意的最佳途径"。那么，我们该如何设定真正目标呢？

这个问题的答案之一，就是我在上一章中提到的，不断自问"我真的想活在那样的未来吗"。提出优质问题是通往真正目标的捷径之一，例如，初创企业常通过边做边问来避免局限于简单的目标。不要总是纸上谈兵，而要研究、创造、验证、失败、推翻、再创造，不断重复这个过程来寻找一开始很难看到的真正目标。"设计思维"也与之相似。因为它同样是通过重复观察、问题设定、样品制作、验证等一系列步骤，朝着真正目标边创作边开发的。

然而，设计思维很难应用，很多企业都无法利用它来取得理想的成果。究其原因，可能是无法顺利地通过观察和验证来进行问题设定，结果导致企业反复奔向错误的目标，让企业陷入疲惫。因此，针对大家普遍认为难以确定的（本质的）问题以及目标这两方面的内容，我想出了一种更简单的思维方式。

这种思维方式就是源头思维。它是指敢于对理所当然的事情质疑，不拘泥于现有的答案，即使觉得接近结论了，也要继续追问"到底……"。它是一种不断追问，并敢于回到原点的思维方式。我尝试了能够导向本质问题的各种思维方式，最终发现了源头思维。在那之后的二十多年里，我将这种思维方式运用在了很多实际工作中，如广告和产品开发。此外，通过这种思维方式，我还做出了很多业绩，获得了大量好评。

上文中我提出优质的问题很重要，而提出优质问题的方法就是源头思维。"到底为什么会有这种产品？""到底为什么卖不出去？""这个实现方案到底好不好？"只有这样想，你才能摆脱简单目标的束缚，不断提出优质问题。说实话，这种思维方式难免会给身边的人添麻烦，但如果能克制住急于下结论的心情，采取源头思维思考问题，你的视野就会变得开阔，也能找到真正目标。

找到真正目标的暗号是"说到底……"。

不管是在听客户或领导介绍方案，还是在听报告的时候，我总会问"大家的目标到底是什么"这样的问题。此外，我还会反复确认"到底为什么要制造这个产品""这个产品到底能不能让人感到幸福"等。对方的反应通常是"一直问好烦"，也有人觉得"问这个有意义吗"。尽管如此，我依然会面不改色地继续问下去。我会这么做，是因为这些问题是找出本质问题和根本目标的方法，对于设定愿景具有相当重大的意义。而且，这种方式看似麻烦，绕了远路，但它最终会成为通往成功的捷径。

朝着简单的目标前进毫无压力。沿着前人制定的目标走，按照领导的指示行动，都是较为轻松的方式。一定有很多人被这种轻松自在所吸引，想要走上这条路吧。但是，未来是变化莫测的，简单的思考很难让我们找到本质目标。

"我们到底为什么会存在？""我们的目标到底是什么？""我们到底要通过这个产品创造出怎样的世界？"在这个时代，我们只有反复进行上述的自问自答，才能找到真正的目标。

▶这个时代需要不断追问"为什么要这样做"的能力

说到演示，很多人认为它是为了解决企业的问题而提出的有创意的提案,其实这只说对了一半。因此,在本章中,我想告诉大家答案的另一半,以便大家对演示有一个清晰完整的认识。

我们先来思考以解决企业问题为主题的演示。例如,一般来说,演示中演示者会和客户公司有如下交流:

"我们公司存在……问题。"

"那我们就来解决这个问题吧。"

"但是我们不知道该怎么做。"

"啊,这样的话,我觉得做……就好了。"

"原来如此。可是要怎么做呢?"

"你可以这样做……"

"那太好了。"

以上对话包括了"问题设定""战略提案""战术提案"三个部分,乍一看似乎很不错,但实际上这种方法得出的答案并不充分。因为这个对话中只有必胜方程式里的问题和实现方案,而没有关于未来的内容。缺失了未来部分,演示就失去了目标,一根链条没有完全展开。换句话说,因为不能解决面向未来的问题,所以它作为提案是不充分的。正如我在上一章中所讲的，如果不知道应该去往的目标（未来），就无法判断提出的方案本身是好是坏。而且，这样一来提出错误提案的可能性也很高。

我来举例说明一下。如果你的公司委托他人"请想出一个用100万日元招人的点子"，而对方做了一个演示，内容是"用100万日元在社交网络上做广告吧，这就是我们的可视化创意"，你会作何感想呢？你一定会认为，对方针对你所提出的问题给出了实现方案，所以这个做法是正确的，剩下的就是具体创意的比拼了。恐怕大多数人都会认为这样做演示没有问题。但是，如果用上文所讲的"源头思维"来思考的话，结论就不一样了。如果追究"这家公司的目标到底是什么""这家公司到底为什么招不到人"等问题，你就会发现隐藏在这家公司的根本问题，以及解决这些问题后公司应该走向的目标（未来）。

我们先用源头思维来追问这家公司到底问什么要用100万日元来招人。于是就有了以下对话：

"因为我们招不到人啊。"

"到底为什么想招人呢？"

"公司业务缺人，而且没有年轻人就没有活力。"

"到底为什么需要年轻人呢？"

"年轻人更能想出新颖的企划案吧……"

问到这里，就能得出"原来如此，原来这家公司是想招年轻人来提出新想法啊"的结论。这才是真正目标的设定，也就是如何设定能够让对方感到兴奋的目标（未来）。如果没有经过这个思考过程，你就可能会想出不符合公司实际需求的点子，比如"招一些退休的人吧"。这样一来，就背离了委托方的初衷，对方既不会接受，也不会感到兴奋。因此，即使演示者尽心尽力做提案，最终演示可能也是以失败告终。

设定真正目标的秘诀在于，我们不要草率地理解对方提出的问题和目标，而要通过源头思维来对其进行反复思考。源头思维会帮助你改掉做演示时容易短视的问题，从而进行更直接、更广泛的思考。不妨将思考的起点稍微往后挪一点，这样你就能看到隐藏的本质问题，找到通往真正目标的道路。那么，让我们用源头思维来将前面的对话变成正确的对话吧。

"我们公司存在……问题。" ⎫
"原来如此。但是你们到底为什么要解决……问题呢？" ⎬ 问题
"只要解决了这个问题，就能顺利推进……" ⎭

"那么，到底为什么想要顺利推进……呢？"

"那是因为如果……顺利的话，将来公司就会发展得好。"

"所谓公司发展得好，到底是指什么目标呢？"

"这个嘛，如果将来成为……就好了。"

"那我们就朝着……这个目标来解决问题吧。"

〕未来

"但是我们不知道该做什么。"

"啊，这样的话，我觉得做……就好了。"

"原来如此。可是要怎么做呢？"

"你可以这样做……"

"那太好了。"

〕实现方案

这样一来，就变成了"问题→未来→实现方案"的模式，这是一个切实朝着目标前进的演示。源头思维就是这样一种通过提问来找到本质问题和目标的简单方法。可以看到，对话的开端只是很常用的"到底"和"为什么"。我们通过"到底"让思考回到眼前，通过"为什么"来看清本质。这是一种认清问题，即"不是怎么做，而是为什么做"，在从根本上解决问题的思维方式。一旦开始采用源头思维思考问题，我们就能减少平时工作中容易出现的"姑且这样思考吧"的心态，拥有看向真正目标的眼光。

TED①演讲中的热门话题，西蒙·斯涅克②（Simon Sinek）的《从为什么开始》（*Start with Why*）也采用了和源头思维相同立场的思维方式。他放弃了一直以来从"做什么"（what）和"怎么做"（how）开始的简单的思维方式。他认为，以"为什么要这么做"（why）为起点，从"存在的意义"（purpose）出发进行思考，就能实现企业和商业的革新。

以"为什么要这么做"为起点思考，可以避免局限于简单的目标，更容易取得成果。欧美人擅长使用这种思维方式。但是，日本人对"为什么要这么做"和"存在的意义"这种思维方式并不是很熟悉，并非所有人都能在商业活动中灵活运用。实际上，我有过很痛苦的经历，那就是作为旁观者出席某个会议，会上大家围绕"我们存在的意义是什么"讨论了好几个小时，结果没有得出任何结论。

与之相对，日本人更擅长使用源头思维，利用这一思维设定

---

① TED是技术（technology）、娱乐（entertainment）、设计（design）的英文首字母的缩写，是美国的一家私有非营利机构。该机构以它组织的TED大会著称，这个会议的宗旨是传播一切值得传播的创意。——译者注

② 英国知名演讲家，"黄金圈法则"提出者，著有《如何启动黄金圈思维》等。——译者注

本质问题和目标。我的实践经验表明，所有人都可以将源头思维运用到日常的商业活动中。只需从"到底"这个词开始，这样就可以进行深入考察，也可以有本质性发现，推动今后的商业活动朝着目标的方向发展。综上所述，我认为这是我们应该使用的思维方式。

在我曾经负责的"花丸乌冬面[①]"的企划案中，也运用了源头思维。在方案讨论会上对方提出："我们计划发行一张50日元的纸质优惠券，请你帮我们设计一下。"这就是我接到的工作任务，按理说只要我拿出设计方案，这项工作就结束了，但如果按照源头思维来思考的话，则需要更多考量。

"到底为什么要发行优惠券呢？""因为想招揽顾客啊。""话说回来，为什么要在这时候招揽顾客呢？""现在是春季，我们必须在这时候吸引新员工和新顾客。""我明白了，你们想吸引那些刚入职的新员工（春季是日本的入职季）来你们店用餐。""如果可以的话，我们希望这样。""那为什么做成纸质优惠券呢？""光靠店里的海报推广效果有限，优惠券可以放在钱包里随时拿出来用。""原来如此，那我来想一个点子吧。"

[①] 吉野家公司旗下的日本餐饮店。——译者注

关键表达：引爆销量的创意策划案

最后，我想到的点子是"凭日本健康保险证①可优惠50日元"。春季，各大公司的新员工第一次拿到日本健康保险证，他们通常会把它放在钱包里，凭该证可优惠50日元的方针可以吸引新员工等顾客群体。另外，这样做还会引起话题性传播，健康的沙拉乌冬面也能大卖。

这个创意的开创性还在于，店家无须支付印刷优惠券的费用。要在日本全国范围内推广优惠券需要支付很大一笔印刷费，但是如果采用这个创意，店家只要制作海报告知大家有这个活动就可以了。而且活动内容还会在社交网络上传播，引起热议。这正是诞生于源头思维的革新性想法。

▶ 发现本质问题

践行源头思维时，关键是不要想得太复杂，先试着迈出第一步。一定要环顾一下日常的工作，从较容易的工作开始，提出"到底为什么"的问题。正如我在前文所讲的，到底为什么想招人呢？→因为公司业务缺人，而且没有年轻人就没有活力。→到底为什么需要年轻人？→因为希望年轻人能提出一些新想法。

---

① 类似中国的医保卡。——译者注

就像这样不断追问，便能发现本质问题所在。习惯了这种思维模式之后就会发现它其实很容易，重要的是敢于尝试。这样做看似会绕一些远路，但通过这种思维方式你会找到本质问题，了解真正目标，并且能提出很好的创意，帮助企业在最短时间内取得成果。

这种反复追问"为什么"的方法，与丰田汽车公司的改善流程中有名的"五个为什么分析[①]"是同样的原理。正如我在上文所讲的那样，源头思维中，"到底"这个关键词可以让你从常识和惯例中往后挪一点，从更深入的地方开始思考，从而发现本质问题。

我曾经从一位建筑师那里听到一句很有意思的话："设计桥的时候重要的是不要设计桥。"我不太理解，问他这是什么意思，那位建筑师回答道："设计桥的时候重要的不是设计桥，而是思考过桥的人的行为。"我恍然大悟，这就是源头思维啊。

如果你只是设计桥的话，那大可以设计出一座标新立异、吸引眼球，但是人却无法通过的桥。如果思考到底为什么需要桥，你就能发现所有村民的生活都需要桥这一问题，并找到真正目

[①] 知道问题发生在哪儿，但是，造成问题的根本原因是什么呢？答案必须靠更深入挖掘，询问问题为何发生。先问第一个"为什么"，获得答案后，再深入思考，以此类推，问五次"为什么"。——译者注

标，那就是建造一座男女老少都能安全通过的桥。但是，如果当地面临的问题是人口稀少，想要通过建桥吸引更多的人来观光，那么真正目标就应该是建造一座能够吸引世界各地的人前来观光的独特的桥。

我想大家应该明白，不考虑具体情况就贸然设计一座桥是多么可笑的事，以及这样做离真正的目标有多遥远。然而，在平常的演示中，我们往往会无视这个追根究底的过程，唐突地直接思考应该怎么做。

请一定要问："到底为什么需要桥呢？"
同样都是桥，但具体是作为生活基础设施还是以观光为目的呢？
面对的问题不同，目标也会不同。

像这样，要想实现目标（未来），你就不能囫囵吞枣地接受既定起点，而必须具备从更深入的角度看问题的意识。不要问"怎么做"，而要去问"到底为什么要这样做"，这样，你就能

找到真正的问题所在。

> 本质问题是迈向真正目标的起点。

正如我在前文所言，一般的问题包括从企业或项目内部问题中提取的公司内部问题，以及自然环境和可持续发展目标等应该解决的社会问题。当然，这两方面的问题都很重要。但我认为更重要的是，我们通过对这两方面问题的深入探究，发现企业或项目真正应该解决的问题，也就是本质问题。

本质问题是企业或项目所面临的根本问题。在关注公司内部问题和社会问题的同时，持续追问"到底为什么"，这样就能找到本质问题。在上文中我也讲过，我们如果找到了本质问题，就能看到解决问题后的未来，也就是企业或项目应该实现的真正目标。从我的经验来看，要想精准地找到本质问题，最好的办法就是采用源头思维，所以请你付诸实践，使自己完全掌握这种思维方式。比起只看到眼前的问题以及照搬已有的成功经验，这样做更加困难，但它会让你向前迈出坚实的一步。

▶ 愿景是企业、项目、个人以及一切行动的指南

我之前也讲过，推进商业活动的时候不能只奔向简单的目标，也不能紧紧抓住眼前的问题不放。从客户或领导那里接到任务后，我们往往会忍不住马上开始想"要做什么计划呢"，但是，从今天开始请克制这种冲动。我们要先质疑自己收到的问题，通过源头思维养成退一步思考的习惯。只有退一步，你才能以更广阔的视野重新审视问题。

相信大家试过一次之后就都会感到惊讶，无论你有多烦恼，多束手无策，只要深究一句"到底为什么"，就能拨开云雾，找到本质问题，走向企业和项目的真正目标。我将通过这样的过程所找到的真正目标称为愿景。愿景是必胜方程式"问题→未来→实现方案"中的"未来"。一旦找到了愿景，所有与项目相关的人都会朝着它努力奔跑。愿景是所有人的行动指南，同时也是判断标准。从影响项目的大决策到个别会议的小决策，你都可以判断对于想要实现的愿景，这个决策是否正确，因此也就不会犯前文的"简单的招聘广告"那样的错误。而且，有了愿景之后，人们就会在思想上团结起来，这是引导企业走向成功的强大力量。

虽说如此，但每次我在演示中提出要重视愿景时，大家通常都会认为太绕了。到目前为止，我听过各种各样的人做演示，但

很少有人提出愿景。然而，在让人印象深刻的演示和取得惊人成果的演示中，演示者几乎都明确地提出了愿景以及共同走向愿景的方法。由此可见，在演示中展望未来是必不可少的。正如我在上一章中所言，如果不展望未来，演示就不成立。因为这样的话即便设定了问题，也无法确定实现方案的方向。反之，如果你在演示中加入愿景，就可以向出色的演示靠拢。

现在如果还有人认为提出愿景会妨碍到演示，那可能是因为已经养成了不良的演示习惯。请先改掉这种不良习惯，养成和提案对象一起展望未来的提案习惯。

企业的未来和你的未来，其实都与你所规划的愿景有关。因此请你一定要找到激动人心的愿景，并做出展望未来的演示。它不会让你绕远路，而是会带你走向成功。

▶ 愿景是激动人心的未来

关于愿景，有很多种解释，比如未来图景、理想蓝图、展望、期望等，但我把愿景解释为"激动人心的未来"。

说愿景，很多人会觉得很难理解，但如果说激动人心的未来，大家就很好理解了。重点在于，它不仅仅是一个未来，而且是一个激动人心的未来。对现在的人来说，在思考什么是激动人心的未来时，应该意识到不能局限于过去的想法或制定临时性目标，我们需要一个新的视角，要将环境问题等考虑在内。当然，我们希望看到的是具有独创性的未来，而非陈旧的想法。制定出这样的愿景固然不易，但是如果你能创造出激动人心的未来，就将形成一股强大的力量，吸引大众纷纷参与其中，而且也会获得公司员工等内部成员的强烈共鸣，掀起一股热潮。

如果你在做演示的时候，注意到对方的企业或者项目没有提出愿景，或者自己的提案中没有愿景，那么就请回到源头思维，设定一个本质问题，并畅想该问题解决之后的未来。然后，请尝试与领导和客户分享愿景。如果这一切顺利的话，你就能与对方形成牢固的纽带，进而迸发出一起朝着激动人心的未来前进的强大动力。

> 有了愿景，我们就会产生强大的动力和不可动摇的信念。

不过，我在这里所说的愿景并非由华丽的辞藻堆砌而成。愿景必须能让很多人产生共鸣。因此，理想的状态是尽量使用大家都能听懂的、经常使用的平常的表述。此外，愿景还应该既能反映人们当下的希望，又能在未来引起共鸣。也就是说，愿景需要持续引起他人的共鸣，能让参与项目的所有人在当下觉得很好，在30年、50年后依然觉得很好。

　　愿景本来就应该是可预见的事物，重要的是为大家提供一个能够设想的场景和能够在脑海中想象的画面。从孩子到大人，让每个人都能轻松地想象未来并对未来充满期待，愿景的作用就在于此。请大家站在这个角度重新审视公司以及自己在工作中制定的愿景。如果它是晦涩难懂的语言、陈旧古板的想法、人们无法想象的场景，或者根本就不是激动人心的未来，那么我认为有必要重新制定愿景。

▶ 有了愿景就不会迷茫

　　大到政府、企业等机构或组织，小到家庭、班级等小型团体都需要愿景，因为有无愿景会影响到相关人员的参与程度和目标的达成程度。而且，正如我在前文所言，有了愿景，就能在该做判断的时候做出正确的决策。哪怕是很小的工作，决策的正确与否也会使得未来大不相同。

　　以前我负责化妆品和进口精品店的推广时，在周年纪念宣传活动的企划会议上，曾有人提议"通过打折促销来回馈顾客"，

第二章　确定商业活动的目标

这在短期内似乎可以有效地促进销售，但它是否真的是推销产品的正确方式还有待商榷。降价促销的确博人眼球，也能吸引顾客。但是，如果店家的愿景是成为让顾客向往的品牌商店，降价促销反而会适得其反。那家店虽然也经营少量的杂货，但我的目标是让它成为令人向往的商店，因为降价促销有破坏品牌形象的风险，所以从那时起我就决定不用这种方法来吸引顾客。因此，"降价促销"被当场否决，我们转而思考新的企划。最后，取而代之的企划是叫作"将你包起来"（I WRAP YOU）的包装活动。该企划的内容是用自己、家人和爱犬的照片来包装商品作为礼物，并亲手将这份礼物送给他人。这种可爱的包装很快就引起了热议，也成功吸引了顾客。事实证明，我没有采用简单的降价促销手段，而是把愿景放在第一位，这是正确的决定。

用自己喜欢的照片来包装商品。

如今已经成为大型企业的苹果公司当初也曾是销量不高的小企业，但它一开始的愿景就是"成为令人向往的存在"。此外，世界知名企业之一的谷歌公司也有"整合全球信息"的愿景，谷歌公司的所有服务都是在"整合信息"的前提下开发的。无论农业或餐饮业有多热门，谷歌公司都不会单独进军这些领域，而是必须将它们作为信息传递服务的一环进行开发，使之成为谷歌公司信息战略的一部分。

愿景是企业做决策时的判断标准，也是企业各项活动的指南。它既是北极星，将我们引向激动人心的未来；也是指路牌，在我们迷茫的时候告诉我们该去向何处。

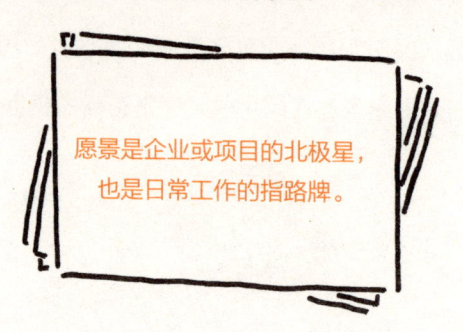

> 愿景是企业或项目的北极星，也是日常工作的指路牌。

▶ 好的工作要有愿景

话说回来，你现在会羡慕他人的工作吗？也许有人会说羡慕是不好的，但实际上，当新闻、社交网络以及和友人的对话中出现"他人的好工作"时，我们可能会感到在意并心生沮丧，觉得"不甘心""我被打败了"等。我认为这是好事，因为羡慕会让我们认识到理想与现实之间的差距。如果意识不到这个差距，人就不会努力弥补差距，也就不会成长。我们不仅要认识到理想与现实的差距，还要有意识地去缩小这一差距，这一点很重要。

如果把你羡慕的工作愿景应用到你的工作中，它一定会赋予你新的视角，成为你改进工作的契机。琐碎的工作中往往隐藏着改变世界的愿景，我们要在意识到这一点的基础上来看待世界。

> 对好工作的羡慕是参与好工作的开始。

也许有人会反驳："话是这么说，但对于自己不了解的工作，我怎么知道愿景是什么呢？"不知道也没关系，我们需要做的是独立思考并想象工作的愿景。即使错了也不要紧，大胆思考吧。

你如果仔细观察你的周遭，就一定会发现很多好的工作。国家层面的工作以及和流行的产品相关的工作自不必说，日常的商务洽谈、会议，甚至在不经意的日常生活中，也潜藏着很好的工作。而且，在这些很好中，潜藏着很多能让你的工作升级的提示。模仿他人的企划或创意是不好的行为,但模仿其背后的愿景,则会成为催生新创意的契机。因此,对好的工作心怀羡慕时,要仔细观察,努力将其中的愿景和想法转化为自己的东西。例如,当地博物馆的预约变得容易了,回家的路变明朗了,学校的老师变温柔了,等等,其实背后都隐藏着美好的愿景。虽然这些都是很小的事情,但它们背后一定有一个由想要让世界变得更美好的人所描绘的,让他人羡慕并产生强烈共鸣的未来愿景,以及实现这个愿景的理念(将在第三章中介绍)。

据说有一家医院虽然导入了网络预约系统,但还是有很多老年人等在候诊室里。看到这一现象,医院重新启用了中断的电话预约系统,将所有患者的等待时间降为零。这家医院克制了自己的想法(全部改为网络预约),将"消除包括老年人在内的所有患者的等待时间"这一愿景放在第一位。为了实现这一愿景,便诞生了恢复电话预约的理念。但是,听了这个故事,你如果只是想到"真是太方便了""这对爷爷很好",就无法实现自我更新。你只有意识到这是一个好的工作,羡慕它,思考什么是创造出这个好工作的课题和愿景,才能将他人的好工作变成自己的血肉,为自己所用。

如果你想把现在的工作做好,请务必发现身边他人的好工作,并对其心怀羡慕。正是这种羡慕能让你发现自己现在所欠缺的思维方式和对事物的看法，给你很多改进工作的启示。首先要好好想一想"这背后隐藏的愿景是什么"，如果能够独立思考愿景，你会发现工作很有趣，工作也会非常顺利。因为羡慕会转化为一种强大的动力，它会激励你前进，为你的工作指明方向，锁定目标。日积月累，你就会成为一个能够轻松制定愿景或理念的人。

▶ 让苹果公司高歌猛进的愿景

一个成功的项目需要各方力量，如人才、新的想法、技术、市场营销、销售能力和资金等的支持，但实际上，仅仅具备这些还不足以成功。因为要想将这些力量整合起来，使它们成为走向成功的巨大推动力，就需要愿景。如果你有一个好的愿景，就能将分散的力量整合到一起并导向行动，做得好的话，它将在未来的几十年内发挥作用。

例如，曾在音乐体验上掀起革新的iPod[①]也离不开愿景的力量。其实，在iPod上市时，市面上还有很多产品使用了用于iPod内部的小型硬盘技术，所以任何品牌生产出iPod都不足为奇。但

[①] 苹果公司设计和销售的便携式多功能数字多媒体播放器。iPod于2022年5月11日产品线停更，不再推新品。——译者注

是，苹果公司最终做出了将硬盘用在音乐上的决定，iPod就此诞生。据说这是因为当时的苹果公司有一个"让所有的音乐内容都能随身携带"的愿景，并将技术和人才都往这方面倾斜。正因为这种愿景是本质性的，所以iPod自诞生以来引领音乐文化超过10年。

1979年上市的索尼随身听（Walkman）也是如此。它的诞生源于一个划时代的愿景，那就是当时没有任何人想到的"让音乐能随身携带"。如果没有这种能够把几十分钟的磁带带在身边随时播放的产品，之后就不会有iPod和苹果手机（iPhone），也就不会有在街上听音乐的文化。从这个意义上讲，索尼公司当时的愿景有一种力量，它在很长一段时间内激励着他人，并影响了其他企业。这样想来，我对当年的索尼公司充满崇敬。

我再讲一个苹果公司的小故事。这个故事与以前从苹果公司员工那里听到的维修意识有关。他告诉我："在苹果公司，我们和顾客交流的时候，抱着不是维修产品，而是维护与顾客之间的信任关系的想法。"正是因为有这样的愿景，苹果店员才会站在顾客的立场上为其提供服务。我从这个故事中明白了，愿景不仅对企业和产品开发很重要，对日常的销售活动和服务也很重要。而现在，我正在努力为所有的工作项目制定愿景。

▶ 愿景能拯救产品，也能拯救人

说到愿景，你听过樵夫和城堡的故事吗？有人问在山上伐木的两个男人："你们在做什么？"其中一个回答："在伐木。"另一个则回答说："我想建城堡。"前者很辛苦地在伐木，只是将这件事视为一份工作；而后者则充满活力地、幸福地在伐木。从这个故事中可以看出，人无法单纯因为工作而保持高度积极性。相反，人如果有一个能够产生共鸣的目标，就可以有很强的工作动力。如果你认为自己的工作只是工作，那么维持工作动力的手段就是高工资和好的福利待遇等。但这样的话，你难免会在某个方面积累不满，反而产生"想要放松""想要逃避"的情绪。相比之下，如果你有建城堡的愿景，工作起来会更有动力，不同于工资或福利待遇，这样的动力会让人更加积极。而且，如果有很多人抱着这样的想法，就会成为项目成功的原动力。愿景就是有这种力量，它能增强人的干劲，也能将大家的想法凝聚在一起。正因如此，无论是企业还是项目，都需要制定愿景。

话说回来，有人一听到愿景就觉得很深奥，其实并非如此。正如我前面所讲的，愿景应该用简单的语言表述出来，让所有人都能理解，所以轻松的语言更适用于愿景。另外，内容方面，愿景也可以是很小的目标。比如，你在学吉他的时候，抱着"想弹奏那首曲子"的想法来练习会进步得更快。制定个人愿景的重点在于要让自己对未来怀抱期待，因为这会成为我们努力的强大动力。

举一个例子，就算制造价格仅有100日元的签字笔，也想着"要为所有人创造绘画的乐趣，无论是小孩子还是艺术界的人"，比如三菱铅笔公司推出的Posca①系列的马克笔。即便是开发售价几十日元的冰激凌时，也希望创造出孩子们喜欢的、充满梦幻的冰激凌，这就是"Garigari君"②口感松脆、颜色鲜艳、口味创新的原因。

当然，对于创业公司来说，愿景同样必不可少。荣获2020年"日本优良设计奖③"（Good Design Award）的是创业企业沃塔（Wota）公司的自律分散型水循环系统，该企业有一个"将世界上所有人从水资源问题中解放出来"的宏伟愿景。正因为有了这样的愿景，企业才能确定前进的方向，也更容易产生新的想

---

① 使用特殊颜料墨水制作的笔，具有耐水性，即使遇水也不会褪色，就算在光面的纸上书写也同样保有清晰鲜艳的墨水色。——译者注
② 日本经典棒冰品牌。——译者注
③ 在日本具有高度影响力的设计奖项。由1957年日本通商产业省创设的"优良设计商品选定制度"（G-Mark制度）发展而来。——译者注

法，即使每天面对高强度的工作，员工也有很强的动力去完成。他们已经成功通过小型模块对废水进行再利用（利用率竟超过98%），并使用该技术解决了受灾地区的淋浴等重要社会问题。2020年，沃塔公司还发布了不需要自来水，在任何地方都能使用的移动式洗手装置"沃士"（Wosh）。各地都在陆续引进这一装置，并期待它能在公共卫生方面做出贡献。我相信，今后沃塔公司也会不断推出各种新发明。正是愿景催生了团队的很多新想法，加速他们做出一些能够改变世界的发明创造。

沃塔公司2020年发布的无须使用自来水，在任何地方都能使用的移动洗手装置"沃士"。

由此可见，企业员工的干劲、热情和行为都会因愿景而改变。正因如此，愿景对于与人相关的一切都很重要。从大事业到小项目，从企业经营到个人梦想，一切都需要愿景。当然，你的演示也需要。一个能够激发人们干劲的优秀演示，既要有激动人心的未来,让人发觉"要是这样就好了",也要有具体的实现方案,即"为此我们这样做吧",要将二者完美结合在一起。也就是说,我们只有意识到必胜方程式中的这两个方面,才能做出一个具有说服力的优秀演示。

▶ 现代版的桃太郎

我的创意公司Pool Inc.作为以愿景为基础创造一切的公司,我们标榜"愿景创造公司"(vision creative company)。吉野家公司的首席营销官(CMO)田中安人对此表示很有共鸣并给予了大力支持。我从他那里听到一个很有意思的说法,对于日本家喻户晓的《桃太郎》[1]的故事,他有独到的见解,他说:

《桃太郎》是一个非常有远见和创造性的故事。因为故事提出了"保卫和平"的愿景,桃太郎用糯米团子把动物们召集到一起,抱着强大的动力和信念,最终带回了宝物。在我看来,桃太

---

[1] 日本著名的民间故事,讲述从桃子里诞生的桃太郎,用糯米团子收容了小白狗、小猴子和雉鸡后,一起前往鬼岛为民除害的故事。——译者注

郎的故事在现代也同样被继承了下来。可以说，创业公司就是现代版的桃太郎。以解决社会问题为愿景，创业公司召集志同道合的人，给他们名为股份的"团子"，大家一起努力，最后得到首次公开募股（IPO）这个宝物。

我不禁感叹"确实如此"。《桃太郎》是愿景创造型故事，而一个创业公司几乎和桃太郎一模一样，这实在太妙了。无论哪个时代，这个世界总是在寻找能够解决社会问题的人。而在现代社会，这个英雄就是创业公司的首席执行官（CEO），这个说法倒是挺有意思的，但这番话对我最大的启发是意识到解决社会问题这一普遍愿景的存在。换句话说，任何时代都有需要面对的问题，为了解决它们，人们就将力量集中在一起，做出足以改变世界的行动。

谷歌公司和雅虎公司率先拯救了因互联网普及而诞生的"搜索难民"，脸书[①]（Facebook）公司和连我[②]（LINE）公司则解决了人与人之间的缺乏沟通的问题，这些都可以说是现代版的桃太郎。放眼世界，还有很多其他的企业以解决社会问题为愿景，聚集了人才，共同努力，并取得了巨大的成功。想要在商业上取得

[①] 已改名为"元宇宙"（Meta）。——译者注
[②] 一款即时通信软件。——译者注

成功，就应该成为现代版的桃太郎。

话说回来，从以前开始，关于《桃太郎》我一直无法理解的一点是，为什么动物们会为了糯米团子牺牲性命呢？但是，田中安人的话点醒了我，动物们并不是被糯米团子吸引，而是因为对愿景感到兴奋才自发行动的。因为有为民除害的想法，所以才会引起强烈共鸣。糯米团子只是一个契机，动物们是为了实现激动人心的未来而奉献了生命。

放眼现代企业，我认为这套逻辑与一个事实是相通的，那就是认真解决社会问题的创业公司员工工作积极性很高，而我们经常听到"日本年轻人对工作没有热情"等说法，这也是很多公司面临的问题。我认为出现这种现象的原因之一是该公司没有激动人心的愿景。

当今时代，每个人都可以根据自己的个性选择不同的生活方式。然而，年轻人未必都能意识到自己真正想要什么并为之努力，一些公司也并未展示出激动人心的未来。因此，一些年轻人不知道该做什么。于是，他们要么开始做志愿者，以此来满足自己的愿望，要么在社交网络上吐槽，最后对公司感到绝望，愤而辞职。但是，如果企业能提出让年轻员工产生共鸣的问题，以及解决这些问题的愿景，情况又如何呢？他们会愿意为了让社会变得更加美好而付出努力，他们会在燃烧热情、实现自我的同时，用创造性的想法为公司带来利益，甚至可能改变世界。如果你就觉得年轻人在你的公司或项目中缺乏干劲，可以试着制定一个解决社会问题的愿景，我相信你一定会看到比现在更有活力的年轻人。

如果只是把"我们有这样的梦想，一起做吧"挂在嘴边，没有人会参与进来。重要的是，你要看到桃太郎在谈论这个梦想时多么认真，他有一个切实可行的实现梦想的方法，并为此付出了巨大的努力。否则，即使你很认可这个梦想，也不可能下定决心为之努力奋斗。反之，如果提出愿景的领导者能够拿出超乎寻常的决心和执行力，那么即便它是一个看似遥不可及的梦想，追随者也会增加，最终大家通过共同努力实现这个梦想。

▶ 学习特斯拉公司的愿景

现实生活中有很多"桃太郎"在实现愿景的过程中改变了世界。比如：本田宗一郎[1]、史蒂夫·乔布斯[2]、杰夫·贝佐斯[3]、华特·迪士尼[4]、孙正义[5]等。他们的话语常常让人热血沸腾，具

---

[1] 日本本田汽车公司创始人。——译者注
[2] 苹果公司联合创始人。——译者注
[3] 亚马逊公司创始人。——译者注
[4] 迪士尼公司创始人。——译者注
[5] 软银集团创始人。——译者注

有打动人心的力量。

而在提出愿景的能力方面，我最感兴趣的人物是埃隆·马斯克①（Elon Musk）。他是一位知名的经营者。已经有很多出版物和报道提到过，马斯克在每次创业时都会制定一个看似鲁莽的愿景并为之付出艰苦卓绝的努力，并通过慷慨地投入资金来展现压倒性的领导力。他是一个缔造奇迹的人，总能在破产或濒临破产的时候逆转局势。我被马斯克吸引的最大原因，是他总是能让很多人参与到他的项目中，并且随时做好了"起死回生"的准备。

如今，特斯拉公司名声大噪，但在马斯克刚加入的时候，他的特斯拉事业还被认为是痴人说梦，没有人把他当一回事。电动汽车也好，无人驾驶也好，当时都还停留在科幻小说中，没有人想到有朝一日它们会如此普及。但在马斯克的口中，"未来就在眼前"，他到处说服人们相信特斯拉公司。他从不把梦想只当作梦想来谈，而是把它当作势必会实现的事情来谈。为此他呕心沥血地进行开发和验证，并通过实实在在的营销活动来推广它。愿景不容易推广，它需要巨大的热情和努力。正是从马斯克身上，我学到了这一点。

我曾多次震惊于马斯克展望未来和制定愿景的能力，其中最

---

① 太空探索技术公司（SpaceX）首席执行官、特斯拉（TESLA）公司首席执行官、太阳城公司（Solar City）董事会主席。——译者注

值得一提的是他在2016年所做的名为《特斯拉宏图之第二篇章》（*Master Plan, Part Deux*）的演示，因为他当场提出了"把特斯拉打造成能源企业"的愿景。在当时的演示中，他还发布了首款紧凑型运动型多用途汽车（SUV）、一款名为"Tesla Semi"的重型卡车以及公司产品的完全自动驾驶预期等。但因为他在这次演示中发布了"Energy Positive"理念（用太阳能电池板发电，用电池给特斯拉蓄电，有充足的能量用于驾驶和家庭），所以我的关注点主要放在这上面。这意味着特斯拉从使用电力的公司变成生产电力的公司，结合前一年收购太阳城公司的举措，特斯拉转型为能源企业的愿景完全具有可实现性。不，能否实现已经不重要了，会场已经被马斯克的热情点燃，大家都很兴奋。我们见证了一个优秀的能源公司的诞生，该公司在世界各地的屋顶拥有太阳能电池板，在世界各地有大批电池基地，充电设施（超级充电站）遍布世界，该公司甚至拥有世界上最大的发电和蓄电系统。汽车公司将成为超

> 不是技术改变世界，而是能引起共鸣的愿景改变世界。

越石油、天然气和核能的可再生能源企业。这是一个宏伟愿景的呈现，也是一个不断创造新技术和新想法的行动号召。它不仅关系到特斯拉的员工和股东，也关系到全世界的媒体和特斯拉车主。

像这样以愿景为先导，根据愿景不断革新技术的态度，就是愿景驱动。愿景不仅为企业员工和社会大众带来了梦想，也成为推动技术开发的力量。

我认为，当今这个时代需要的是能够展望激动人心的未来，并为之不懈努力，挥洒汗水的领导者。我所尊敬的企业家的共同之处，在于他们都憧憬着激动人心的未来，并且有能力号召大家一起朝着未来前进。他们让每个人做自己想做的事，而非一味遵循前例和规则，我认为这样才能制定出打动人心、改变世界的愿景。

我们应该向他们学习的是制定一个让人感到兴奋，想一起做的愿景的重要性。我想，这不仅适用于经营者，也适用于工作和项目团队，以及家人、朋友等小团体的领导者。请大家在日常工作中不要胆怯，不要害羞，要勇于提出自己的愿景，我相信世界一定会慢慢因此而改变。

▶ 愿景的成败取决于"如何选择"

这一章中，我们深入讨论了愿景，它是我们演示的目标，也是商业活动的目标。不过，大家心里也有一些纠结吧，也许会想"愿景根本没用""这和我的工作无关"等。无论未来多激动人心，很多人发现在日常工作和项目中很难考虑回归愿景。就愿景来说，最麻烦的就是这种事不关己的态度。如果不能改变这种事不关己的态度，制定愿景时就会变得不负责任。这样即便制定出了愿景，大家也会漠不关心。要改变这种事不关己的态度，只能加强参与者的主人翁意识，但这也是一件非常困难的事情。要让不感兴趣的人产生兴趣本身就很困难，而且项目牵涉的人越多，想法也就越多样，大家共鸣的点也各有不同。但是在我看来，讨论愿景，以及为获取关注而烦恼，对一个企业或项目的发展至关重要。因为做与不做，面对的未来是截然不同的。

迄今为止，面对形形色色的企业客户，我经历了多次制定愿景的困难，同时也见证了成功解决这些困难的企业和项目取得的巨大进步。因为在为制定愿景而烦恼的过程中，我们可以了解到企业或项目中存在的本质问题，而制定愿景则可以让大家团结一心，有力地推进事业。然而，我们应该如何解决制定愿景的烦恼呢？对此，我的答案只有一个，那就是改变你的选择方式。

实际上，愿景制定过程中的大部分烦恼和失败都源于愿景选择上的失败，而非愿景制定上的失败。任何人只要足够认真地思考，都能想出几十个潜在的愿景，但很难从中做出选择。过去的成功经验和内心的种种念头交织在一起，难免做出错误的选择。为此，我制定了专属的愿景选择方法并将其付诸实践，以避免在愿景选择上出错。这个方法就是"迈向愿景的三个步骤"：①谈论企业内部情况；②谈论企业外部情况；③谈论梦想。我们需要从这三个方面来审视企业和项目，并选择其中的核心内容作为愿景。我在制定愿景的时候，几乎都是按照这三个步骤来总结思路的，而且我会尽可能地与对方企业和项目团队进行沟通，由团队来做决定。这样一来，做出的决定会更快渗入企业内部。那么，在此就由我来介绍一下团队制定愿景的三个步骤。

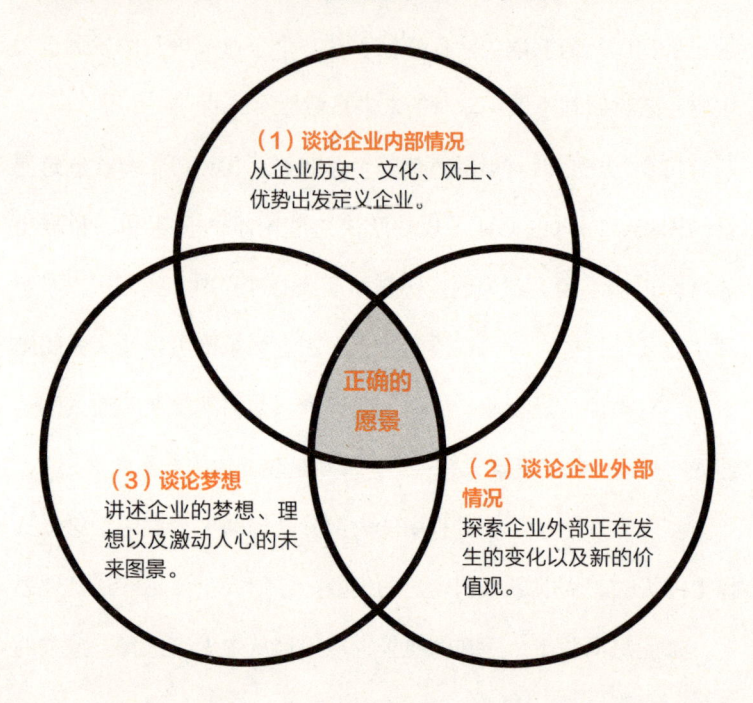

（1）谈论企业内部情况
从企业历史、文化、风土、优势出发定义企业。

正确的愿景

（3）谈论梦想
讲述企业的梦想、理想以及激动人心的未来图景。

（2）谈论企业外部情况
探索企业外部正在发生的变化以及新的价值观。

（1）谈论企业内部情况——从企业历史、文化、风土、优势出发定义企业

首先，我们要详细说明企业（项目）的历史和今后的战略，从中找出企业的优势和弱势，以及需要重视的事项。并非所有参与愿景制定的人都了解企业（项目）过去的运作和未来的战略，所以要把所有内容都摆上台面，用语言表达出来，让大家都能理解。

不了解自己就无法决定自己的未来，可见这个过程非常重要。但是，实话讲，仅凭这一点并不足以制定出新的愿景。因为即便充分意识到企业过去和现在的状况，也很难得出新的观点。因此，我们还需要另外两个视角。

（2）谈论企业外部情况——探索企业外部正在发生的变化以及新的价值观

其次，我们要就社会上正在发生的变化进行充分讨论，包括从模拟处理到数字化，从经济效益到可持续发展目标，从消费社会到可持续社会，从共性到个性等。我们列举了各种各样的信息，既有与公司业务有关的事情，也有与公司无关的流行趋势等。如此一来，企业就能思考自身对外部环境的价值，从而明白自己应该做些什么，并提出更具时代性和现实感的愿景。

（3）谈论梦想——讲述企业的梦想、理想以及激动人心的未来图景

最后，我们要提出企业在意的事情以及激动人心的梦想。比

如，想实现可持续发展目标，想为孩子们创造一个美好的未来，想让本地的节日热闹起来……总之，什么都可以。当然，也可以谈谈作为企业的一员想为客户提供的产品和服务，以及企业想解决的问题。在思考这些问题的时候，不必太过局限。

经过以上三个步骤后你会发现，核心的内容不是其他，正是激动人心的梦想，并且是能够引起社会强烈共鸣的未来图景，也就是"愿景"。因此，只要你选择这样的梦想，就能提出正确的愿景。

如果你现在正在为企业制定愿景，或者在某个项目中总结企业内部的优势，那么你可以利用以上讨论来补充缺少的内容，以制定一个更高精度的愿景。而且，如果要制定新的愿景，请让年轻人加入团队。这样的话，"谈论企业外部情况""谈论梦想"这两部分的内容就会更好地与当今时代接轨，大家也会更有激情，这将成为全公司范围内加强主人翁意识的强大动力。

上文介绍了企业或大型项目的愿景制定，实际上，即便是小规模项目或个人的愿景，如果按照同样的流程来思考，愿景的精准度也会提高。所有的一切都是我们通过尝试"谈论企业内部情况""谈论企业外部情况""谈论梦想"这三种谈论来实现的。愿景的确重要，不过，不使用它就毫无意义。因此，我希望大家尽可能地认真思考，有意识地去制定它，不要事不关己，不负责任。

专栏

演示手记2：自我介绍的正确方式

　　自我介绍在平常的演示中不太受重视，但其实它非常重要，关系到演示能否取得好的结果。与欧美人相比，日本人较为忽视自我介绍。

　　我希望大家能转换意识，演示中的自我介绍不是为了自己，而是为了对方。因此，结合对方想知道的事情，说出对方想了解的自身情况，就是演示中的自我介绍。对方并不想观看一个自我吹嘘的演示，与此相比，对方更想听的是那些与演示主题有关的，或者加入了一些有趣经验的个人故事。例如，"我创建了一个聚集了100位咖喱爱好者的社群""我是一个有50年历史的舞蹈社团的成员"等，如果讲一些像这样和演示主题相关的有趣故事，我想对方一定很乐意听。因此，自我介绍时应该尽量选择一些让对方感兴趣且贴合演示主题的话题。

　　然而，很多时候到了演示现场才知道你所面对的是什么样的人。因此，我建议大家多准备几个不同场合的自我介绍，然后根据演示的主题来选择使用。比如长辈多的时候用、商务场合用、聚会用，还有聊兴趣爱好的时候用等。你如果已准备好这些场合对应的自我介绍，就不必焦虑，只需根据情况从中选择一个最合适的自我介绍说出来就好了。此外，如果你能把有趣的事情和当下的时事联系起来谈，还能提高大家对自己的期望值。

在此我希望大家明白，一些侃侃而谈的人并不是即兴发挥的，他们只是在说准备好的自我介绍而已。也就是说，只要努力，谁都能做到这一点。但是，在日常的商务会话中，几乎没有人会准备不同场合的自我介绍，然而这真的很重要。只要有几个不同场合的自我介绍，你的存在感就会大大提高，请务必在这方面做好准备。

第三章

在提案中加入共鸣

▶ 共同感受所需的事物

在第二章中，我谈到了愿景的重要性及制定方法。在第三章中，我将介绍如何做出更能引起共鸣的企划和演示，其内容包括前面提到的愿景。

共鸣就是相关人员都说"确实，这个很好"，大概是这样一种感觉。顾名思义，共鸣不是单方面的事情，关键在于双方的共同感受。因此，重要的是演示需要获得提案者和客户的一致认可，商业活动需要获得企业和社会的一致认可。要让演示引起他人的共鸣，提案者和客户之间要有一个共同的前提，那便是就演示目的和内容达成一致。

也许有人会说"这是理所当然的吧"，但实际上，很多商务对话都没有建立起这个前提。前几天，针对开发新产品这一目标，有人主张全部开发原创产品，也有人主张将现有产品与原创产品相结合，二者产生了分歧，导致开发延迟。看似在说同一件事，但瞄准的目标不同，像这样系错扣子的情况时有发生。

我把这种共同理解的基础称为"理解基础"，除了身边的人、商业伙伴、领导、客户之间，也要时刻意识到这种理解基础，这非常重要。

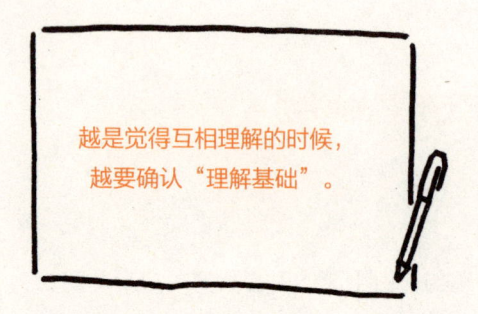

> 越是觉得互相理解的时候，
> 越要确认"理解基础"。

因此，我在参加会议时，都会先问"会议目的是什么""要讲什么"，以便确认理解基础。说到所谓的议程设定，尤其要对问题和目的进行详细说明，以确保大家理解相同。越是认为很清楚的人，越有可能在问题和目的的设定上出现偏差。因此，当你认为彼此相通，不，越是确信彼此相通的时候，你就越应该确认理解基础。

分享理解基础，在此基础上谈论激动人心的愿景和故事（将在第五章详细说明），所有相关人员都会产生强烈的共鸣，从而推进商业活动。为达到这种理想状况，本章先要对理解基础进行说明。

正如前文提到的，即使是互相了解的团队成员之间，也经常会出现对语言理解不一致的情况。"咦？你在说什么？"出现这样的理解分歧是家常便饭。因此，在本书中，对于接下来要谈到的内容，尤其是提案、企划、经营等商务对话中常用的关键词，为了避免大家出现理解分歧，我想建立一个理解基础，即共同理解的前提。

我想，接下来出现的很多词一定是大家知道但不确切了解的词。然而，如果受制于自己不了解的词，就无法做出好的提案。我们可以通过整理这些词，让自己的头脑变得清晰，不再对提案和会议抱有畏惧心理。为此我对这些词进行了简单的梳理，请大家抱着轻松的心态继续阅读。

▶ 了解使命、愿景和价值

在此我打算以无印良品公司的母公司良品计划公司为例来对商业活动中常见的"使命、愿景、价值"进行说明。想必大家对这三个要素都不陌生，但实际上，包括过去的我在内，很多人在使用这些词的时候并不理解它们到底是什么意思。在此，希望我的说明能让大家完全理解这些词。

在良品计划公司对使命、愿景、价值的定义中，分别使用了理想、目标、价值观这样的词，所以我们很容易理解它们各自的含义。

首先从使命开始。"我们为了什么而存在？"这个问题的答案就是企业的社会使命。请记住，使命是对未来的打算，即我们应该这样做。尽可能地不走寻常路，如果具备其他公司所没有的独有的存在意义，那就再好不过了。顺便说一句，前面提到的目的其实是一个和使命意思差不多的词，只是相较于面向未来的使命，目的追问的是"我们为什么要这样做"，它具有更多的现实意味。另外，目的也更具有社会意义。因此，针对面向未来的演示和商业活动，我认为以使命为基础来思考会更好。

接下来要说的是目标，也就是愿景。正如良品计划公司的愿景部分——"我们要去哪里"中所写的那样，愿景描绘了企业的目的地和目标，从中长期来看，它展示了企业"我们想要这样""我们想变成那样"的目标。就像我在前文中说的，愿景就是激动人心的未来。

最后要谈的是价值，它是指企业固有的价值观。价值观所带来的思维方式是企业行为背后的力量源泉。如果把"我们重视什么"这个问题的答案视作价值的话，就很好理解了。因为价值也可以作为人才录用的判断标准，所以近年来，把"重视客户""积极行动"等行动指南作为价值的企业也日益增多。在员工和项目组成员心中树立起"这是我们独有的工作方式""我们将为此尽心尽力"的观念，你也可以认为这是价值。

这三个要素也可以说是将企业的想法可视化的词。事实上，每天都在工作的员工往往不清楚企业和项目到底要做什么，每个人都各自行动，最终导致组织涣散。为避免这样的情况发生，企业需要相应的指导方针来让员工时刻意识到应该瞄准的目标并提高自己的积极性。此外，方针还可以保证企业全员的想法不偏离轨道，并帮助他们做出正确的决定。这个指导方针就是使命、愿景和价值。

> 将企业想法可视化的三个要素
> 使命＝我们应该这样做
> 愿景＝我们想成为这样
> 价值＝我们会为此努力

这三个要素并不直接关系到企业产品的销售和开发，所以很多时候会被搁置。但这是企业活动的基础，因此，在创办公司或开始某个项目时，我建议大家先想清楚这三个要素再开始其他工作。

无印良品公司的理想 ◀------ 使命
我们为了什么而存在？
以美学和良知为基础，以日常意识和人类原始的皮肤感觉重新审视世界，从这个角度探究事物的本质。我们想要通过产品给顾客带来理性的满足感，让顾客感受到朴素中的美感和丰富。

良品计划公司的目标 ◀------ 愿景
我们要去哪里？
我们的首要目标是让为良品计划公司工作的员工获得长久的幸福。为此，我们要创造一种企业文化，让所有员工都能努力工作，向更高的目标发起挑战，从而体现无印良品公司的理念，使之成为世界知名的企业。

良品计划公司的价值观 ◀------ 价值
我们重视什么？
保持诚实与正直、真诚对待同伴，加深彼此之间的信任，并且每个人都从世界的愿景来考虑，接受挑战，坚持到底。我们尊重这样的精神，这也是良品计划公司目标达成的基础。

摘自良品计划公司网站

▶ 创建商务用语的理解基础

除了上文提到的三个要素，日常工作中还有很多这样的词，我们看似理解了它们，实际上却是含混不清地在用。光是与企业活动相关的用语，如企业方针、经营理念、行动指南、信条等，我们就没有准确理解其含义的差别。另外，还有一些词在意思上有一些微妙的差别，比如战略和战术。除了使命、愿景和价值，常被人提及的商务用语还有概念、口号、声明、计划、故事、创意等说法。老实讲，这让我十分困惑。这些词的意思本来只有一个。但现实情况是，不同的企业对这些词有不同的理解，不同的使用者对它们的解释也不同。有些人把使命当作愿景，有些企业则把行动指南和经营理念混为一谈。实际上，哪怕是经常使用这些词的专业营销人员，可能也很少有人能完全理解上述用语。我也常常为这些词的用法而困扰，甚至认为它们妨碍了工作。也就是说，在日本的商务人士之间还没有形成对这些用语的理解基础。其实，建立起这种理解基础的想法也是我写本书的契机之一。因此，虽然有些主观，但我在此还是想尝试针对这些常用的商务用语建立一个理解基础。

用语被创造出来是供人使用的，那些长期在商务场合中用到的词对工作一定是有意义的。因此，如果能理解商务用语，将其转化为自己的东西，就一定能让它们在工作中发挥作用。我们要针对这些用语创建理解基础，以保证我们使用这些用语的时候它们所表示的意思是一致的。如果大家在沟通的时候不是模棱两可地用词，而是基于一个共同的概念，那么沟通就会顺畅得多。

在这里，我选择了商业活动和演示中常用的基础用语来进行简单说明。只有了解了这些，我们才能消除之前的困惑，妨碍工作的用语也会变成在工作中发挥作用的用语。不用担心，接下来要讲的内容并不是专业术语，而是我在实践中使用的定义，请在了解这一点的基础上继续阅读。

- 使命＝社会使命、独有的存在意义（我们应该这样做的理由）。
- 愿景＝将来想成为的样子、激动人心的未来（我们想要这样的目的地）。
- 价值＝企业固有的价值观、独有的思维方式、优势（我们会为此努力的原动力）。

接着往下读。

- 目的＝使命的一种、企业在当今社会存在的意义（"为什么要这样做"的答案）。
- 企业基本方针＝企业应当遵循的理念。
- 经营理念＝经营者应当重视的内容。

- 企业理念＝企业应当重视的内容。
- 行动指南＝作为企业的一员应有的心理准备。提出更具体的行动（与价值挂钩）。
- 信条＝对企业价值观、员工应该注意的行动方针的整理和明文规定。

继续，我们正在逐渐接近实务。

- 战略＝如何实现愿景、如何为达成目标而奋斗（以中长期为主）。
- 战术＝战略的实现方案、具体的执行计划（以短期为主）。

我们接着来定义产品开发、销售企划等相关的一线商务用语。

- 任务＝从现有问题中提取的问题、应该解决的问题，包括公司内部问题、社会问题、本质问题等。
- 理念＝解决问题、实现愿景的方法，大致等同于战略。
- 计划＝理念的具体方案、短期愿景的实现方案，大致等同于战术。
- 口号＝明示企业活动的方针、方向性、愿景及其实现方案的一句话。
- 声明＝准确表达企业活动的方针、方向性、愿景及其实现方案的文章。
- 创意＝有助于解决问题的发现，有独创性，能催生行动的想法。

● 故事＝能够让人对以上所有内容产生共鸣的叙述，为销售产品而创作的叙事内容。

以上就是我要介绍的商务用语，请先对它们有一个大致了解，没有完全理解也没关系。在实际使用这些术语时，请再次对它们进行确认。这样一来，就能掌握这些词的理解基础，了解各个词的关系和定义，从而能够自信从容地面对工作，这有利于工作的顺利开展。

▶ 只需要"愿景""理念""计划""任务"

我对以上商务用语进行了说明，但并非所有用语都会在日常工作中用到。实际上，我在日常提案中常用到的只有其中4个，所以也请大家好好记住这4个用语。它们到底是哪4个用语呢？我将在下图中说明。

在这张图中，我将前面提到的商务用语（除了创意和故事）与必胜方程式关联在了一起。图的下半部分总结了支撑企业员工行为和企业活动的支撑词，上半部分总结了企业活动中常用的推进词，原本作为支撑词的愿景也包含在了推进词中。这个关系图的结构比较简单，理解起来应该不难。

关键表达：引爆销量的创意策划案

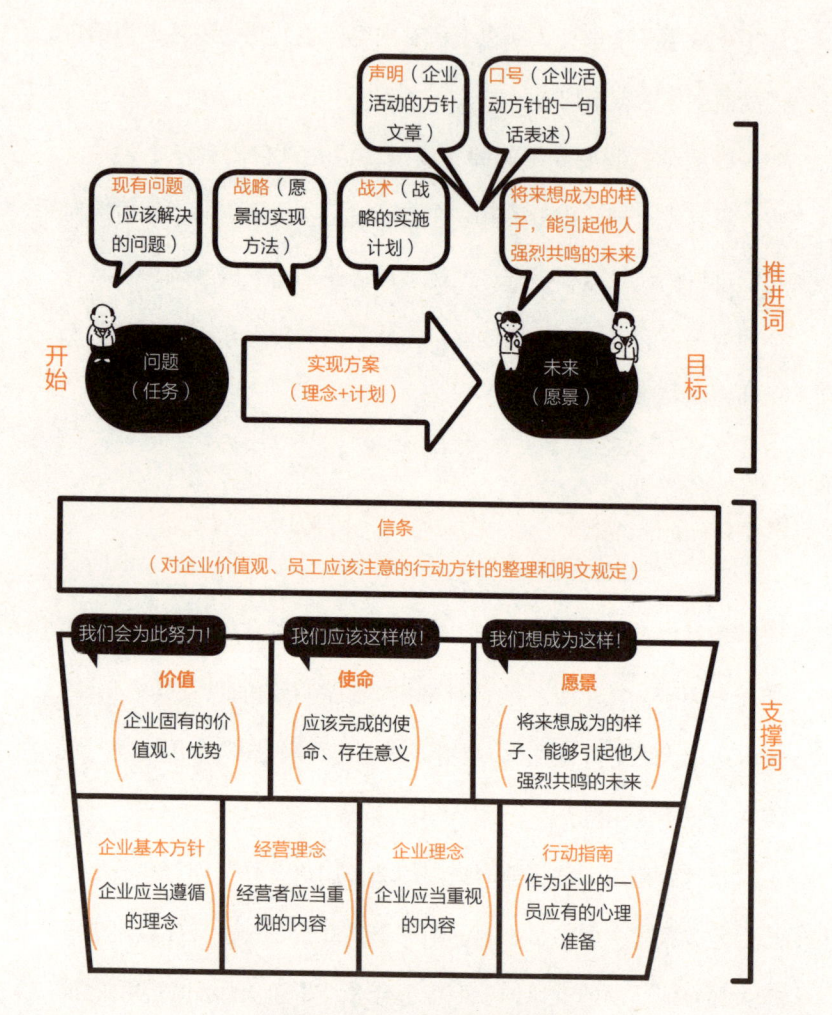

必胜方程式与商务用语的关系图

推进词

- 现有问题（应该解决的问题）→ 问题（任务）
- 战略（愿景的实现方法）
- 战术（战略的实施计划）
- 声明（企业活动的方针文章）
- 口号（企业活动方针的一句话表述）
- 将来想成为的样子，能引起他人强烈共鸣的未来 → 未来（愿景）

开始 —— 实现方案（理念+计划）—— 目标

支撑词

信条（对企业价值观、员工应该注意的行动方针的整理和明文规定）

我们会为此努力！	我们应该这样做！	我们想成为这样！
价值（企业固有的价值观、优势）	**使命**（应该完成的使命、存在意义）	**愿景**（将来想成为的样子、能够引起他人强烈共鸣的未来）
企业基本方针（企业应当遵循的理念）	经营理念（经营者应当重视的内容）	企业理念（企业应当重视的内容） / 行动指南（作为企业的一员应有的心理准备）

你可能已经注意到了，该图的上半部分和第一章中提到的必胜方程式图一样。也就是说，掌管企业活动的4个推进词（任务、愿景、理念、计划）就是必胜方程式（问题→未来→实现方案）的核心。反过来说，如果你将必胜方程式牢记于心，就会自然而然地在演示中加入对企业活动而言至关重要的这4个要点。在此基础上，如果能结合企业重要的支撑词，即使命、价值、理念等来做提案，你的提案就能与该企业的根基联系起来，从而更容易被企业接受。因此，做演示之前请你务必浏览一下该企业的支撑词，哪怕一次也好。

在此之前，我曾多次强调愿景的重要性。当然，如果对方企业或者既有的项目已经有了愿景，我们应该尊重对方的愿景。企业明明已经有了自己的愿景，你却盲目提出新的提案，这样做恐怕会被所有企业拒之门外。但是，即便有企业愿景，在日常工作中，新产品的开发和销售方针的制定等具体工作往往没有愿景，这也是不可否认的事实。因此，我认为在业务、项目、部门会议、团队等所有工作中，都应该思考以企业愿景为基础的个别愿景。

▶ 愿景是"目的地"，理念是"去往目的地的方法"

接下来，我来总结一下理念。理念是解决问题和实现愿景的方法。在演示中，理念是企划和提案的核心，是非常重要的部分。另外，它也是比计划更高层次的概念，是一种实现方案。如果说计划是一艘船，那么理念就像一条河，它的巨大推动力会帮助这艘船驶向愿景。

话说回来，我想大家都经常听到"理念"这个词，但我很少遇到能用日语准确传达其意思的人。这么说可能会让人觉得它是一个很难理解的词，但实际上，只要你了解了理念的本质，你就会发现它比想象中更好理解，它的本质是与愿景相对应的事物。

前文中我已经讲过，愿景是企业将来想成为的样子，也就是激动人心的未来。从企业活动的角度来看，愿景是企业的目的地，是企业员工和相关人员前进的目标。而与愿景相对应的理念，是去往目的地的方法。换句话说，理念是让更多人行动起来的方法，以实现企业期望的未来目标。这里的"人"在项目推进时是指企业员工和相关人员，而在社会参与时则是指目标用户。

理念是让更多人行动起来的方法，因此它必须是能让每个人都明白的方法。用一听就能理解的简单语言来阐释思维方式和行动方法，这才是好的理念。反之，让人觉得"嗯？什么意思"的很难理解的语言，以及让人产生"那么，我该怎么办呢"的想法的无法指向行动的语言，都不能称为理念。这和愿景一样，简单才是王道。进一步说，理念所使用的语言最好能让所有与项目相关的人都把该项目当成自己的事情来采取行动，也就是让他们成为提案者或者推进者。因此，简单且让人有参与欲的表述可以说是很棒的理念。

例如，2017年2月日本开始推行的"超值星期五"①（Premium Friday）计划的愿景是创造出让大家生活更加丰富的业余时间。为实现这一愿景而提出的理念是每个月最后一个星期五的下午3点下班，这一理念鼓励了很多商人开始进行自我投资以及参加酒会等，许多企业也开始了一系列自发行动，如开拓新业务和开展促销活动等。正因为这是简单且让人有参与欲的理念，才得以让很多人行动起来，这也带来了"一年唤起了2000亿日元以上的需求"的经济效果（摘自2017年日本瑞穗综合研究所发布的资料）。

接下来，我将为大家介绍我经手的另外两个案例。一个是，我的团队参与经营的牛头汉堡店"肉末和米"提出了用碎肉改变世界的愿景，以"三现"（现绞和牛、现烤汉堡、现煮米饭）为明确理念。从店面设计（从肉刚烤好到顾客吃进嘴的最短线路设计）到口味设计（提供的菜品能够让顾客充分品尝到现绞和牛的

---

① 将每个月最后一个星期五的下班时间提前。既为了增加人们购物、旅行以及外出就餐等休闲时间，又为了促进工作时间的合理安排，改革工作方式。——译者注

美味），再到服务开发（从店内员工的话术到待客态度）、营销战略开发［各种企划、在照片墙（Instagram）和抖音国际版（TikTok）上发布内容］以及品牌开发（店名、商标、文案等）都汇聚了所有相关人员的想法，最终使之成为一家充满独创性的人气店。直到现在，我也还在积极地收集员工的想法，力求每天都有进步。

另一个是，以2020年在日本东京立川市开业的索拉诺酒店（Sorano Hotel，位于立川Green Springs的酒店，Green Springs将在第六章中介绍）为例，我们以"持续100年的新幸福，从立川走向世界"为愿景，在此基础上将"健康酒店"（Well-being Hotel）作为酒店的经营理念。健康是指身心幸福的状态。基于这一理念，所有参与酒店开业的员工都以是否健康为标准推进工作。最终落成的酒店屋顶拥有使用温泉水的无边泳池和水疗中心，所有房间都带阳台，酒店风格开放且独特，是一家能让人产生强烈共鸣的酒店。

以上三个案例中，我们都强烈意识到了要制定一个简单且让人有参与欲的理念，结果也都获得了高度评价。愿景是"目的地"，理念是"去往目的地的方法"，正因为二者都是自己的事情，相关人员才会有很高的积极性，也才能最终取得成功。

我说过，理念是"让更多人朝着愿景行动起来的方法"。

为了便于大家理解，我常用箭头来说明。如果把理念想象成一个指引人采取行动，从开始（任务）走到目标（愿景）的箭头，就更好理解了。例如，如何让一家店从"无人问津的店→顾客盈门的店"？如何从"滞销产品→畅销产品"？如何从"公司内部缺乏干劲→公司内部干劲十足"？要不断设想"任务→愿景"的行为，并制定出实现它的理念。实际上，只要你明白了这种思维方式，就很容易制定理念。请大家一定要尝试一下。

请记住，理念是从任务指向愿景的箭头。

▶ 打动人心的三大要素

在前文对理念的讨论中，我多次使用了"让他人行动起来的方法"这一说法，但总觉得这么说有些高高在上……或者说，这总让我感觉不太舒服，有一种莫名的违和感。其实，这种违和感非常重要。因为要想让他人行动起来，重要的是你要舍弃这种高高在上的姿态。人不是被迫采取行动，而是自发采取行动的。一个人会开始行动，是因为他想要行动。当然，我们有时也会因为某人的命令而行动，或者为了与世界同步而行动，但这样的行动不会持久，甚至会引发抵触情绪。

那么，人要怎样才会想积极地行动起来呢？首先，要对行动内容产生共鸣，把它当作自己的事情。其次，产生"我想做点什么"的积极心态也很重要。而要做到这一点，关键在于打动人心。

在第一章中我讲过，演示的基础是打动人心，品牌管理大师戴维·阿克[①]（David Aaker）曾说："要想和用户建立联系，最重要的是打动他们的心。"也就是说，要在对象、项目组成员和大众之间创造强烈的共鸣和信任感，你必须先打动他们的心。心不动，人就不会动。我们要充分意识到这一点，然后开始制定理念。那么，如何才能制定出打动人心的理念呢？

我认为，感动是关键。不过，感动并不意味着一定要有催泪

[①] 美国加州大学伯克利分校哈斯商学院名誉教授，美国品牌界的领导人物之一。——译者注

或者感人肺腑的故事。感动这个词，可以理解为因感受而心动。也就是说，感动不仅包括感受，还包括心动。这个过程可以写作"感→动"，而催生这种"感→动"的方法，就是打动人心的方法。我认为实现这一目标需要"惊喜""共鸣""分享"三个要素。

我们通过惊喜、共鸣来感受，又因为想要分享，我们的心就会动起来。

> 惊喜+共鸣+分享＝感→动

基于这一思维方式，我们可以从以下三个问题出发来思考如何制定一个打动人心的理念：

（1）有更多新鲜的、让人想了解的惊喜吗？

（2）能让人产生这个我也想要的共鸣吗？

（3）能让人想立刻将它分享出去吗？

如果能在满足以上三个条件的同时实现愿景，就一定能设计出"感→动"的理念。也许你会抱怨"为了制定一个理念，要一一满足这三个条件吗"，但请稍微忍耐一下，去试一试吧。做着做着你会发现这很容易，而且出乎意料地有趣，这样做也有利于顺利整理思路。

▶ 那真的是理念吗

我试着用上文的三个要素做出了理念设计图。当然，其基础依然是必胜方程式。"惊喜""共鸣""分享"来自上文的三个问题，它们也可以分别换成"想知道""想要""想谈论"三个方面。也就是说，如果不能让人产生这三种好奇心，就不能称之为理念。这样一想就会明白，"创造美好的未来""为孩子们创造灿烂的未来"等听起来很好听的话并不能成为理念。因为，这些话语里面不包含惊喜（想知道）、共鸣（想要）以及分享（想谈论）这三个要素，它们既不能打动人心，也没有为大家提供便于采取行动的方法。

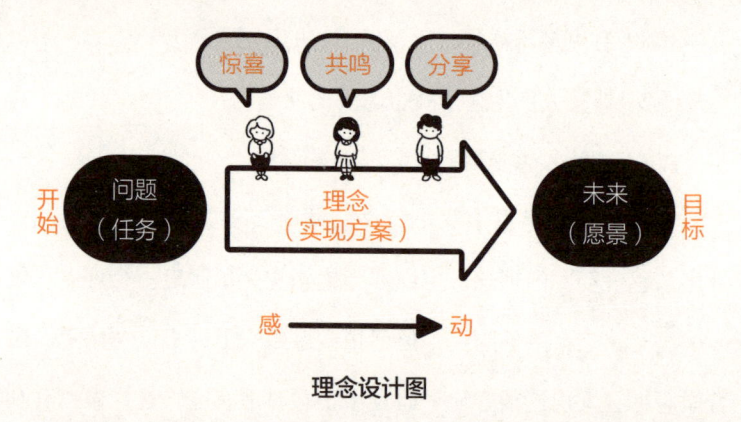

理念设计图

也许有人会想："这些虽然不能成为理念，但作为愿景是行得通的吧？"但这些都不是激动人心的未来，所以也不能成为愿景。

如果你的工作中有理念，请试着把它写在图中的箭头里面。如果你认为"这个既没有惊喜也没有共鸣，也不想与他人分享"，那它就不能作为理念，不妨重新思考新的理念。

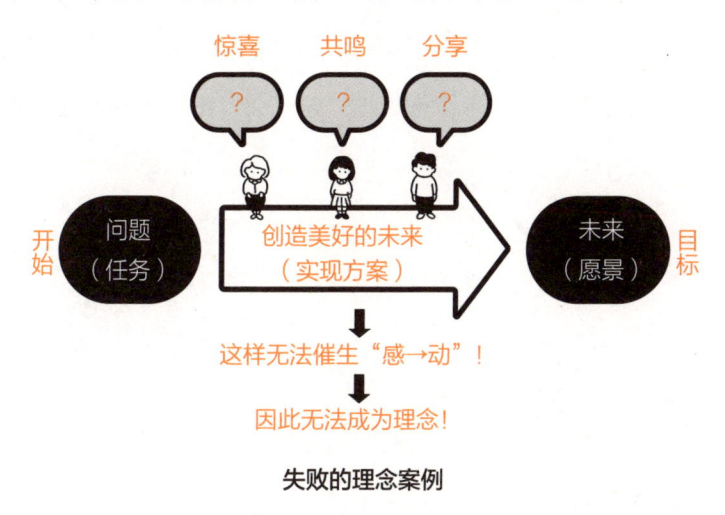

```
        惊喜      共鸣      分享
         ?        ?        ?

   ┌────┐                      ┌────┐
开 │问题│  创造美好的未来  ──▶ │未来│ 目
始 │(任务)│   (实现方案)        │(愿景)│ 标
   └────┘                      └────┘
                │
                ▼
         这样无法催生"感→动"！
                │
                ▼
            因此无法成为理念！
```

失败的理念案例

▶ 如何制定一个能够催生行动的理念

2020年7月，日本政府以无塑料垃圾的可持续发展的未来为愿景，开始实施塑料袋收费制度。我认为这一举措的理念非常棒，因为塑料袋收费的理念对任何人来说都是简单且愿意参与的方法型理念。

如果把它换成"不要扔塑料垃圾"这种加油型的理念又如何呢？虽有气势和口号，但大众不知道应该如何采取行动，也很难参与其中。另外，"给孩子们留下美丽的大海"这样的目的含糊型理念也很难让人参与，因为人们不知道该如何减少塑料垃圾。此外，像"让世界上的垃圾减少三分之一""迈向零塑料垃圾的社会"这样强迫型的理念，只有强制的标准，很难让人产生共鸣或者把它当成自己的事情来推进，这也会打击到大家参与的积极性。

✗ 加油型
只有气势和能激发干劲的口号

✗ 含糊型
辞藻华丽，最终目的却很含糊

✗ 强迫型
只有为实现愿景而制定的强制标准

停！失败的理念

能够打动不同立场的人的心，引导他们顺利地朝着愿景前进，这才是更棒的理念。但是，不停留在"不扔垃圾吧"的层面，而是将它升华为"塑料袋收费"的理念，以此催生大家的行动，这种思维方式在日常工作中也有很多可以应用的地方。

▶学习任何人都能制定的简单理念——对比理念

前文中我已经提出了制定理念所需的三个要素,并举出了失败理念的例子。但是,一提到制定理念,恐怕还是有很多人会有畏惧心理。因此,我想谈谈我心目中较为简单的理念制定方法。我把这种方法称为"对比理念"。做法很简单,我们只需通过"从AAA到BBB"这样的对比思维,就能制定一个理念。

在之前对理念的解释中,我提到过理念是将人从任务转移到愿景的箭头,实现这一过程的方法正是对比理念。只要我们从现有问题出发,展现问题解决后的未来,就会成为打动人心的理念。

也就是说,对比理念是存在问题的现在与问题解决后的未来的对比。我想已经有人注意到了,这正是必胜方程式"问题→未来→实现方案"的结构。因此,我们只要掌握了必胜方程式,就不必害怕制定对比理念。

实际上,放眼世界,我们会发现有很多对比理念。比如,"商店从'卖东西的地方'转变为'买东西的地方'",这句话曾流行一时,这也是对比理念。又如,"商业从'物'到'事'"等。要明确的一点是,上述一切都是"存在问题的现在"到"问题解决后的未来"之间的对比。换句话说,对比理念是一个简单易懂的理念，只要以必胜方程式为基础就可以很容易地制定出来。

　　我曾参与过一个名为"永旺湖城"（AEON lake town）的商业设施的案子，这个案子中也用到了对比理念，那就是"从日本第一购物中心到日本第一生态购物中心"。日本第一购物中心的理念原本就存在，我们只是在其中加入了"生态"二字，但仅仅如此就实现了目标的转换。由此，相关人员意识到了一系列本质问题，如日本第一生态购物中心应该是什么样的呢？为此应该做些什么呢？等等。从结果来看，从设施设计到店铺选择，再到引入生态艺术以及采用太阳能发电，一切行动都围绕生态来进行。

日本的生态购物中心"湖城"

虽然只是将问题和未来进行对比，但通过对比，我们更容易明白应该做什么，从而把"加油型"的失败理念转变为可以引领更多人行动起来的好的理念。

话说回来，我非常重视的"从效率到热爱"的思维方式（将在第六章说明），也是通过对比理念创造出来的。这种思维方式的目的在于改变我们的意识，从效率时代（汇集人、财、物，以提高速度和市场占有率来赢利）过渡到情感时代（在生活中尊重自然和生命，珍惜城市的历史和当地文化）。然而，我们如果用"进入情感时代"这个说法来传达理念的话，肯定是传达不清楚的。但是，如果将"存在问题的现在"和"问题解决后的未来"进行对比，这样制定出的理念就能传达出情感的重要性，成为优秀的行动指南。

我们公司使用了这种对比理念发布了最近的一系列趋势，在此我将对此做一个简单的介绍。从下图可以看出，仅凭"从AAA到BBB"这句简单的话，就能让人明白"什么发生了变化"以及"应该做什么"。

通过对比型理念来思考的话，我们以前因觉得很难而打退堂鼓的理念制定就会变得非常容易，而且这样制定出的理念还能得到广泛的传播。这是因为你不再被"展望未来"所束缚。其实，我们会觉得制定理念以及传播理念很难，是因为只想着

> **用对比理念表达时代趋势**
>
> **"从地产地销到店产店销"**
> 这是在日本食品和流通领域流行的"地产地销"理念的升级,现场制作现场销售(用餐),这一提案更能迎合大众喜好。这是微型啤酒酿酒厂和在店里现场制作化妆品流行之前就已经想出来的理念。
>
> **"从购买型商店到剧场型商店"**
> 这是比"商店是购物场所"更先进的思维方式,它展示了如何创建一家像剧场一样能让人一边体验、一边购物的商店。

展望未来。必胜方程式也是如此,光靠未来很难让人产生共鸣。先认清现状,在此基础上展望激动人心的未来,这样才能引起共鸣。

对比理念是在对现状(过去也可以)产生共鸣的同时展望未来,因此,对方的共鸣程度和行动的容易程度都会大大提高。最重要的是,它更有利于思考。制定对比理念的诀窍在于,我们要正确把握现状并将其转化为语言加以描述,然后展望激动人心的未来,这样就可以了,请大家务必试一试。

▶ 所有提案都是为了打动人心

我认为，不仅是演示，所有商业活动都需要愿景和理念。愿景和理念会让人有很强的工作动力，坚定地走向成功，它不仅关系到日常的销售活动、企划开发、推广工作，也关系到企业管理，公司内部人士和外部人士共同参与的项目，甚至一个人默默从事的研发工作。

但如果要说愿景和理念已经渗透到日本的商业活动中，恐怕并非如此。不，相反，更多时候它们被人们认为是麻烦的事物。例如，如果你问制造商"这个产品的愿景是什么"，制造商可能会摆出一副不耐烦的表情。如果下属对领导说"我觉得这个项目的理念不明确"，领导可能会生气。这是因为愿景和理念的重要性在日本还没有得到广泛认可，在商务场合讨论它们的风气也还没有渗透到日本。

的确，与销售目标和市场占有率等数字相比，愿景和理念很难把握也很难理解。但是，毫无疑问，有了愿景和理念，就会产生与企业深层理念一致的"感→动"，人的心就会被打动，商业活动也会由此向前推进。因此，无论面对什么样的对象，我都会不断提出与愿景相关的问题："你们到底为什么要生产这个产品呢？"（这正是我对源头思维的实践）这样一来，对方一开始坚硬的外壳就会被打破，生产产品之初的想法和现在的真实想法便会逐渐流露出来。然后就会不自觉地表达对当前市场的不满以及对竞争产品的不信任等抱怨，而这些正是重要的真实想法，也是本质问题的根源。如果我们能对上述问题有一个深刻的认知，就能理解工作到底需要什么，应该以什么为目标，也就能提出让客户感到惊喜并产生共鸣的创意或提案。

我曾多次讲过，演示最重要的是打动人心（这与愿景和理念的思维方式相同）。从这个角度来看，如果只追求数字的罗列，就成了说明而非演示。因此，即使提案全是数字，为了实现激动人心的未来，也应该培养观者阅读数字的意识，努力催生"感→动"。

在上文的"感→动"部分中我也说过，惊喜、共鸣、分享很重要。要将这三个要素囊括在内，就必须给出在对方看来很有新意的提案，而非常见的提案。"原来如此，就是这样！我想变成那样！"给人带来这种喜悦才是打动人心的关键，认清这一点是做好演示的重要前提。因此，即便只是依照惯例追求数字，我也认为应该适时提出愿景，给对方带来一些新鲜的发现与喜悦。

▶ 先从不满开始吧

上文中我讲过，引起他人共鸣的关键在于打动人心。除此之外，还需要"惊喜、共鸣、分享"三个要素。其实，要强化这三个要素，"不满"很重要。

毋庸置疑，生活中人们会有很多不满。每个人都有这样那样的不满，一个人的不满可能数不胜数。在居酒屋聊天的人，聊的最多的就是不满，这也可以理解。人们不满的内容多种多样，比如手机不好用、马桶圈冰冷、没网络信号、便当不好吃、路灯坏了、牙齿疼、作业多、电视剧剧情无聊、周围的人很吵、不被公司认可、被领导随便指使……总之，人们随时随地可能产生不满。即使其中一部分问题得到解决，生活中大大小小的不满也不可能彻底消失。但是，对于这样充斥着不满的人生，有的人认为很辛苦，有的人认为这是通往光明未来的契机，想法不同，你的世界也会完全不一样。因为不满才是通往激动人心的未来的关键。

人因为有不满才会进步，正是这种进步让人类得以持续生存下去。因此，想要消除不满的念头是人类的基本需求，也可以说是人类进步的契机。正如《桃太郎》中，人们因恐惧产生了"保卫和平"的愿景。我们要实现激动人心的未来，必定不能少了不满，不满才是创新的开始。

人会有不满，是因为人有理想。没有梦想和理想，就不会产生不满。反过来说，正是因为有理想，才会产生不满。如果你心里有不满，那说明你有理想，你应该为此感到高兴。也就是说，不满并不是值得讨厌的事物，而是与理想相对的事物，也可以说它是这个世界上必不可少的事物。而且更重要的是，了解了人们的不满是什么，就知道他们现在的愿望和未来的目标。也就是说，不满是预测新时代，预测人类进步的线索。

> 心怀不满是因为你有理想，你要为此感到高兴。

话说回来，必胜方程式能引起人们的强烈共鸣，也是因为这种不满和进化的机制。因为"问题→未来→实现方案"这一框架本身与因为不满而朝着理想进步的人的本质需求结构是一致的。

减少了不满，世界就会变得更美好。如果你能让自己进步，减少他人对自己的不满，那么你的干劲和喜悦就会增加。这是令人欣喜的事，也是人类所期望的未来，所以才会引起他人的强烈共鸣。由此可见，共鸣和进步是从不满开始的。"愿景""理念""计划"的出现是为了引起共鸣，催生行动，其最终目的也是进步。因此，我们不妨从"不满"开始思考，这样就会催生"感→动"，在社会上引起更强烈的共鸣。

创业公司的人把社会上的不满（问题）得到解决后的世界称为"更美好的世界"，以这样的未来为愿景来制定理念和计划。这意味着前沿的商业活动和项目也是建立在"不满"基础之上的。无论在哪个时代，发现并解决不满都是商业活动的中心，这是我们无法通过数字等的堆砌来实现的。

▶ 成为不满的专家

不满有很多种。不方便、不安、不利等是经常听到的不满，除此之外还有不信任、不干净、不和谐、不受欢迎等各种各样的不满，所有这些都是对"更美好的世界"的向往和强烈共鸣，也是催生"感→动"的种子。例如，日本曾经畅销的某款家庭清洁产品就是以"在家就能清洁"的理念解决了人们对清洁费用昂贵的不满。回顾过去，因为不干净而诞生了"绷带"；因为不放心而诞生了"老年人护理产品"……实际上，迄今为止席卷全球的产品和服务，几乎都诞生于不满。

环顾我们的日常生活，也有很多人因为不满产生愿景和理念，从而创造了"更美好的世界"的例子。例如，"阳台大煞风景（不满）→想打造北欧风格的时尚阳台（愿景）→铺满木质地板（理念）"，可以说是在人们不满的基础上创造"更美好的世界"的方法。

在此我想说的是，每个人（即使不是市场营销或者传播方面的专业人士）都有在不满的基础上制定愿景或理念的经验，这些愿景和理念可以是工作上的提案，也可以是让自己的生活和世界变得更好的内容。不管怎样，只要你自己环顾世界，找到自己感到不满的地方，想象这些不满被解决之后的世界会是什么样，这样就可以了，这样就能制定出愿景。我希望大家不要觉得这做起来很难，要抱着轻松的心情来寻找不满，并想象解决了不满之后的世界的样子，如此就能制定愿景和理念了。

为了向前推进工作，为了每天的舒适生活，大家都应该养成围绕不满积极思考的习惯。但遗憾的是，在日本，很少有人这样做，我想这可能是因为很多人厌恶不满。老实说，在日本，大家普遍认为"不满＝不说为好"。但是，如果有人在表达不满的同时提出实现方案的话又会怎么样呢？那这个人一定会被认为是很有想法的人。当然，他也会很受重视，能有机会接触到更多好的工作（项目），做更多有趣的事情。因此，请务必养成思考不满的习惯，同时将不满和实现方案配套提出，这样你的工作和生活都会变得更加有趣。

软银集团的孙正义可以说是将不满转化为商业行为的专家。令人佩服的是，听说他从学生时代开始就一直坚持每天花15分钟把不满写在笔记本上，然后思考如何解决这些不满。这种思维训练与创意和执行力紧密相关，这样一想你就会明白，围绕"不满+实现方案"来思考，这一行为具有很强大的力量。我们也可以做到每天写下一个不满并想出解决它的点子。这样就能活跃思维，工作也会变得快乐、有趣，我认为值得一试。如果能坚持下去的话，可以谈论的话题也会增加，这不仅对做演示有帮助，也有利于开拓新业务、跳槽到喜欢的工作等。

在此，我总结了一些利用不满来制定美好愿景的要点。

（1）有意识地记录下每天的不满。

（2）每天想出一个解决不满的点子。

（3）想象不满解决之后的未来并制定相应的愿景。

（4）在会议上讨论不满（问题）+愿景+实现方案。

（5）这些都与项目紧密相连，持续提出可行方案，将项目付诸行动。

如果能在意识到以上五点的基础上投入工作，你的工作也会变得更有趣，请务必对此引起重视。

> 从今天开始吧!
> "每天解决一个不满"。

▶ 改变世界的秘诀之一在于不要忽视家人或恋人的不满

在我作为小组成员参加某个谈话会议时,遇到了一个有趣的问题:听说特斯拉公司的埃隆·马斯克和优步(Uber)公司的特拉维斯·卡兰尼克①(Travis Kalanick)等近年来改变世界的商务人士都不爱听周围人的意见,他们为自己的幻想而疯狂,并把这些幻想变成了现实。有人问我:"您经常说我们要站在对方的立场上,但就我们现在所处的时代而言,比起站在对方的立场上,做自己喜欢的事不是更重要吗?"

的确,当今世界也许是由一部分疯狂的天才所创造的,但重要的是,这些人的事业,大多是从解决家人或恋人等某个人的不

---

① 优步公司创始人。——译者注

满,或者减少朋友们的不便开始的。他们不仅是疯狂的企业经营者,更是站在周围人的立场上消除他们不满的天才;是站在员工立场上提高员工积极性的天才;是站在全球立场上展望未来的天才;也是站在全世界人民的立场上扩大商业版图的天才。他们疯狂,只是因为发现了身边人的不满,并将解决这些不满的思想固定为"始终坚信,绝不改变"的理念。他们有一种力量,即不放过身边那些几乎被所有人忽视的小小的不满,并将它们发展为能够让很多人产生共鸣的愿景。此外,他们还有一种强烈的伙伴意识,即与伙伴分享这种愿景,不惜生命也要实现它。正因如此,他们才取得了成功。

经常有人说"我只是公司的一员,无力改变任何事",其实恰恰相反。你属于公司,能和团队一起行动其实是非常幸运的事。一个人无法实现的事情,我们通过愿景和很多人建立联系,产生伙伴意识后就能实现了。不管是为了解决社会问题,还是为了实现商业上的飞跃,归根结底,重要的是不以自我为中心,要站在客户、团队成员、社会大众等他者的立场上,不忽视对方的不满,这种意识尤为重要。

如果你是一位艺术家,就不必听从他人的意见,请忠实于自己的感性去生活。但我们不是艺术家,我们是希望改善产品和服务,以便让更多人使用,为更多人带来幸福的商务人士。因此,我们必须倾听更多人的声音，以尽可能舒适地解决问题、尽可能让更多人参与其中、尽可能为更多人带来幸福为目标。为此，我努力简化一切提案。然后，提出能够让所有人都产生强烈共鸣的未来，向着这个愿景发起打动人心的挑战，我认为这就是在创造简单且被认可的内容。我坚信，能够做到这一点是今后商业活动所需的重要能力。

如果你正在为自己的想法无法得到客户和领导的理解而苦恼，我想这一定不是因为你的想法太激进，也不是对方不愿意理解你，而是这个想法没有变得简单且被认可。即便你的想法很难理解也没有问题，站在对方的立场上，在对方的不满和自己的想法之间，重新找到导向简单且被认可的答案就可以了。这样的话，无论你的想法多么难以理解，都能实实在在地传达给对方。

即使提出了自己认为完美的愿景和理念，如果不能传达给客户也毫无意义。即使你有能够改变世界的想法，如果不将它传达给领导，也无法实现它。你的提案越是新颖，越是没有先例，被对方接受的可能性也就越小。因此，追求新意的同时，更要站在对方的立场上，思考如何让对方喜爱，要努力做出简单且被认可的内容。

▶ 寻找隐性不满

虽说不满很重要，但如果是世人皆知的不满，那么既没有人感到惊喜，也无法用于演示。反之，客户和领导都没有注意到的不满，以及社会大众普遍还没有意识到的不满则具有极高的价值。尤其是那些还没有人注意到，但却能引起所有人共鸣的不满是最重要的，我称为"隐性不满"。这种隐性不满是做出优秀提案的关键之一。如果能提出隐性不满，就能让与演示相关的所有人产生"感→动"。这是打动客户和领导，乃至所有人心的契机。第四章要讲的"隐性需求"和第五章要讲的故事，都是以隐性不满为起点的，如果能找到这个隐性不满，共鸣度就会飞跃性地提高。

那么，隐性不满究竟在哪里呢？其实就在我们身边。它们很少隐藏在艰深的文章和高级的商务谈话中，几乎都隐藏在不经意的闲聊或日常生活中。

在上文中我说过，改变世界的天才也是从减少身边家人和恋人的不满开始的，而这种身边的不满，正是隐性不满。他们没有忽视身边的不满，而是把这些不满转化为产品和服务，并引起了全世界人民的强烈共鸣，从而改变了世界。不过，当时他们既不是先进技术人员，也不是天才经营者，而是和我们一样的普通人。说到底，他们成功的关键就在于站在对方的立场上，把隐性不满转化为商业行为。也就是说，即便不是尖端科研人员或营销专家，也可以在日常生活中发现隐性不满，并制定出让全世界的人产生共鸣的愿景和理念。这意味着我们也可以有改变世界的发现。

> 改变世界的想法，就存在于身边的隐性不满中。

被认为改变了世界酒店业的爱彼迎（Airbnb）[①]平台，也是从"住酒店的费用太贵，我们无法拿出更多的钱尽情游玩……"这样的隐性不满中，产生了让客人住在他人家的空房间的理念。美国企业云应用程序的领先提供商沃特科（Workday）通过将人事管理云端化而成为市值20 000亿日元的企业，该公司着眼于"招聘、培训、劳务等业务非常辛苦，但企业内部却往往会忽略这些辛苦"这一隐性不满，从而拓展了市场。此外，以"整理方法"这一身边的小事风靡全球的近藤麻理惠[②]，也是因为关注到

[①] 一家联系旅游人士和家有空房出租的房主的服务型网站。——编者注
[②] 整理师、整理专家、空间规划师。代表作品《怦然心动的人生整理魔法》等。——译者注

了"即使在房间很大的美国,大家也会为整理而烦恼"这一隐性不满,而提出了独特的理念,并被美国《时代》周刊评选为"全球最具影响力的100人"之一。

顺便说一下,我公司的团队参与开发的乐敦制药公司的"Skio①"就是一个很好的例子。它减少了人们日常生活中的不满,让"感→动"产生并得以升华。Skio是以"不勉强、不浪费、美丽"为理念新开发的D2C②护肤品。该品牌的产品跳过了很多人每天例行的"化妆水→精华→乳液"的烦琐步骤,完成了"让精华具有化妆水的效果"的创新。产品发售后,创下了占据乐天③平台的周排行榜上美容护肤类别销量第一位的成绩。

实际上,Skio的厉害之处还不止于此。它用气泡袋来包装商品,取消了D2C配送所需的纸箱。这一举措反而将原有的包装升级为了可爱的包装。而且,气泡袋使用了80%的可回收材料,这一做法也获得了女性的强烈支持。Skio真可谓减少了女性心中"虽然麻烦但没办法"的两个隐性不满(烦琐的化妆步骤以及纸箱包装),在社会上催生了"感→动",从而大受好评。

---

① 乐敦制药公司于2020年在日本推出的全新护肤品牌。——译者注
② 英文为Direct-to-Consumer,即直接面对消费者的品牌。——译者注
③ 一家大型电子商务平台。——编者注

乐敦制药公司的"Skio"

在此介绍的所有成功案例，其成功的秘诀都是不忽视人们的隐性不满，并认真面对这些不满。请大家一定要在日常生活中发现隐性不满，也许它们将带来改变世界的创新。

▶ 隐性不满的关键词是"其实"

一定有人想要寻找身边的隐性不满，却不知道从何入手吧。在此，我想告诉大家一个发现隐性不满的简单关键词。这个关键词就是"其实"。这是一个非常简单的关键词，但它的确能帮助我们有效地找出隐性不满。例如，比起"我对这件事感到不安"，"其实我对这件事感到不安"更能切实地吐露心声。带有

"其实"这个词的感情深入人心，加之伴随着某种发现，就会成为一个强烈打动人心的契机。

其实不满意、其实不放心、其实不快乐、其实不方便……这样来思考的话，会有一些不同于以往的新发现。而且，这些很有可能是能引起强烈共鸣但还没有显露出来的隐性不满。也就是说，比起从无数个不满中寻找，从用"其实"这个词筛选出来的不满中寻找，后者能更快找到隐性不满。

本书中也多次使用了"其实"这个词，但它只适用于表达"也许你不这样认为，但事实上是这样的"的场合。也就是说，我们说"其实"的时候才是在说隐藏的真相。表达不满的时候加上"其实"，那就是在表达隐性不满。请一定要用"其实"来回顾一下你的日常生活和工作，倾听他人的真实心声，这样你会发现很多隐性不满，如：其实讨厌窗帘的颜色；其实经理的工作进度很慢；其实合同的那部分是无效的……这一切都是你没有注意到但需要改善的地方，也是与他人产生共鸣的关键。

像这样寻找"其实对这个不满"，就能发现重要的隐性不满，请大家务必实践一下。接下来，我将为大家介绍一款通过发现隐性不满而大受欢迎的商品，它就是2014年发售的一款号称"不噼噼啪啪的温暖针织衫"的商品。

当时，我的团队正在为女性时尚品牌若佩尼（Rope Picnic）

开发新的针织衫,所以我们致力于从周围的女性身上发现她们对针织衫的隐性不满。于是我们发现了很多人的共同不满是"冬天针织衫产生的静电让人不舒服"。一直以来,"冬天里针织衫会产生静电"都被认为是很正常的现象而被人忽视,实际上我发现没有一款针织衫会把它当作一个问题来认真对待。大部分隐性不

不噼噼啪啪的温暖针织衫

1. 抑制静电的产生,不再噼噼啪啪。
2. 具备吸湿和发热功能,穿上感觉很温暖。
3. 使用超细聚丙烯腈纤维,舒适度高。
4. 能适度控制湿度。

ROPÉ PICNIC

满都隐藏在我们认为理所当然的自我预设中。因此，倾听周围人的真心话，再一次寻找"其实"是非常重要的，其中潜藏着能带来巨大创新的不满。

这款加入了抑制静电的纤维的"不噼噼啪啪的温暖针织衫"后来成为大热商品。找到隐性不满就能开发出这样让人产生强烈共鸣的商品，无论是在公司内部的产品研发中，还是在向客户提交企划案时，隐性不满都发挥着巨大的作用。

毫无疑问，用"其实"这个关键词来发现不满，既不花钱，也不需要高深的知识。也就是说，任何人都能做到。所以，如果可以的话，请你养成每天找出几个隐性不满的习惯。我认为在培训新员工的时候提出这个问题也不错。如果这能成为习惯，你就会很容易迸发新的想法，创造新的故事。

> 如果想把工作做好，就去寻找隐性不满吧。

> 专栏

演示手记3：求职面试时要有愿景和理念

实际上，愿景对于顺利求职非常重要。求职就是向面试官和招聘负责人推销"自己"这一产品和"自己"这一项目，和本书所介绍的演示是一样的。因此，在推销自己的求职活动中，也需要愿景。

愿景是激动人心的未来，所以求职的愿景是成为对方所期待的你。因此，在找工作的时候，你应该先做的是思考对方公司期待的你是什么样子的。如果不从这一点开始，你的自我展示和求职动机都会变成单纯的自我表达，会被忽视。因为招聘方需要的是判断"你是否是能和我们产生共鸣的人"的理由，而不是你自我标榜的信息。

制定愿景（对方所期待的你）之后，就请看清它与目前的自己的差距。这样一来，你就能明白求职的问题所在，找到接近愿景的正确方向。接下来，如何站在对方的立场上，展现出能让人产生共鸣的内容，这才是决定胜负的关键。

不过，不要把共鸣想得太简单。例如，应聘城市建设公司时，很多人会说："我做过××活动，可以为城市建设做贡献。"但是，你所说的"××活动"并没有达到一定的专业水准，不具备足够的说服力，也就无法引起面试官的共鸣。

不过，你可以效仿上文中的孙正义的例子，告诉对方："我的愿景是成为用创造性思维来从事城市建设工作的人，但我还没能做到这一点，所以我每天都会列举出三个现代城市建设的问题，并提出解决它们的点子。我这样做已经一年了，目前为止已经累积了1000多个点子，能请你们看一下吗？"这样说会怎样呢？我想，对方一定会与你产生共鸣，并提出："能让我看看吗？"

求职也和演示一样，都是描绘愿景，根据愿景与现状之间的差距制定理念，并提出执行计划的过程。如果真的有人这样做了，你就会想听他讲话，也会想跟他一起工作。如果把求职活动看作自己的演示，那么本书所讲的内容就会很有帮助。展现愿景和对现状的认识，找到对方的隐性不满并提出实现方案。可以说，这种演示思维不仅能引导商业走向成功，也能引导人生走向成功。

第四章

从生活出发思考创意

▶ 努力传达信息

在本章中，我将为大家介绍如何将必胜方程式（问题→未来→实现方案）的内容转化为打动人心的创意。在此之前，我想再谈一谈在思考演示和创意时的重要前提，那就是：

> 演示的大前提　　"传达"重于"表达"

正如我在第一章中所讲的那样，这是我所有想法的基础。也许有人已经注意到了，我在本书中频繁使用的是"传达"这个词，而非"表达"。这是因为对我来说，传达和表达的意义完全不同。近年来，表达成为一股热潮，各种相关的图书陆续出版，各公司也召开了很多有关表达方法的研讨会。实际上，我认为在表达的意识下，无论运用多少技巧，都只停留在单方面的信息输出层面，而不会产生真正的交流。

究其原因，表达这一行为的主体是发言方。更极端地说，它与对方怎么想无关。也就是说，能否将自己的想法传达给对方是次要的。有些人虽然表达了，但是并没有传达。与此相对，传达的主体是接收方。我们不仅要将想法告诉对方，还要让对方产生"感→动"，这就是传达的意义。例如，让对方产生"我也爱你""我喜欢这个故事""知道了！我想和你一起做"等共鸣，并积极采取行动，这才是传达。即使你将自己的想法告诉给了对方，如果对方不予理会，也不算是传达。只要思考一下交流的目的，你就能立刻明白表达和传达两者哪一个是正确的。所以我常说，不要停留在表达层面，要思考如何传达。

只是，传达信息需要付出努力，你要弄清楚对方的情况，努力思考什么样的信息才能让对方理解并产生共鸣。也就是说，其中增加了我一直强调的站在对方的立场上思考这一环节。

根据对方是小孩还是大人、女性还是男性、日本人还是其他国家的人，传达信息的方法也会有所不同。过去，日本的一档少儿新闻节目就是一个很好的沟通案例。该节目把复杂的新闻转换成简单的内容，用让孩子感兴趣的方式说出来，以孩子为对象，努力传达信息。也多亏了他们的努力，一些对大人来说都很难懂的新闻也能够向孩子传达。这档以孩子为对象的节目收获了一大批成人粉丝，我对此毫不意外。

我认为像这样为了传达信息而尽最大努力才是沟通的本质。实话讲，站在对方的立场上，理解对方的不满和想法，想办法让对方产生共鸣并不容易。什么都不想，只是表达信息，这样无疑会更轻松。但是，只要我们付出努力，就能够从"表达想法"进阶为"传达想法"，我认为这值得努力。

人们常说"工作中最重要的是人际关系"，那些习惯于努力传达自己想法的人，因为能够理解对方的想法，所以职场上的人际关系也会变融洽。我认为努力传达信息不仅有利于家人、朋友之间的关系，甚至也能运用到政治和经济上。可以说，努力传达信息是一切事情顺利进展的关键。

话说回来，在社交网络上存在诽谤他人的现象，我认为这也源于表达意识过剩。如果你认为表达是善的，就会认为将自己的愤怒和痛苦原封不动地表达出来也是善的，对于这种行为是否会让对方感到疲惫和痛苦，也就毫不在意了。但是，如果平时就站在对方的立场上，想象自己的想法被传达给了对方，就能对对方接收到这些信息时的疲惫和痛苦感同身受，一定就不会加入诽谤中伤的队伍吧。因此，我认为不仅是大人，孩子更应该学习"传达重于表达"的意识。这样一来，从孩子到大人，每个人都能体察他人的心情。我想，这一定会成为创造一个更和谐、更愉快、更美好的世界的契机。

▶ 通过隐性不满和隐性需求来打动人心

正如我在前文中所讲的，要将自己的想法传达给对方，就必须打动对方的心。而且我相信，打动人心最有效的方法是按中对方身上的某个"穴位"。

这个"穴位"是什么呢？那就是被说了会很高兴的事。毋庸置疑，每个人心中都有被他人这样说会很高兴的事情，客户、领导、朋友、家人都不例外。如果你跟对方讲话的时候没有注意到这个"穴位"，就很难打动对方的心。就像做按摩的时候，如果按摩师一直按不到穴位，你心里就会不舒服，想说"算了，不按了"。如果在交流的时候不能说出对方听到会很高兴的话，不仅不会打动对方的心，反而会将对方推远。正因如此，找准对方的"穴位"才格外重要。

在这些"穴位"中，除了希望听到的话，还有一些自己都没有意识到，但是被别人说了之后会很高兴的话。只要你能按中这些"穴位"，对方就会发自内心地惊喜，产生共鸣，并乐意将接收到的内容与周围的人分享，甚至开始行动起来。可见，有效地按中"穴位"是打动人心的关键，也是成功传达信息的关键。

那么，这个"穴位"到底是什么呢？其实它就是需求，也就是对方想要实现的事物。此外，我还特别重视隐性需求，就是我刚才所说的"虽然自己还没有意识到，但是别人说了之后自己会很高兴的话"。

隐性需求是对方尚未意识到，但可能会觉得很好或者很想要的东西。因此，"这确实不错"这种想法可以看作隐性需求。

实际上，第三章中讲到的隐性不满和这里所讲的隐性需求是相辅相成的关系，两者配套使用，会产生极佳的打动人心的效果。例如，在做提案时，如果提出"其实你们对这个不满吧（隐性不满）→那就这样来解决吧（实现方案）"，连自己都没有注意到的不满得到了解决，不管是客户还是家人，一定都会高兴地说"这确实不错（隐性需求）"，其实这就是演示的奥义。也就是说，将对方尚未发现的本质性问题与能够实现需求的提案结合起来，才是最好的演示方法。

> 其实你们对这个不满吧？
> 那这样来解决吧！
> "这确实不错！"
> 这就是演示的奥义。

"隐性不满+隐性需求+实现方案"的组合，必然会打动人

心。因此，发现隐性需求是制定愿景和理念的重要前提。

我想大家已经知道，"隐性不满+隐性需求+实现方案"代表了必胜方程式的问题、未来和实现方案。你如果很难理解我对必胜方程式的说明，不妨将其转换为"其实你们对这个不满吧→那就这样来解决吧→这确实不错"的表述，在此基础上思考你的演示。

▶ 了解对方的不满和需求则百战不殆

提出隐性需求总是企业所希望的，也是演示中不可或缺的内容。因为隐性需求是发掘隐藏市场的契机，也是改变企业和项目未来的转折点。在商品化的现代社会，发现新需求并非易事。因此，无论是多么琐碎、多么狭隘的需求，只要是隐性需求，企业都会非常欢迎。只要某样商品迎合了大众的隐性需求，大家就会感到惊喜、产生共鸣，并愿意把它分享给身边的人，所以即使不投入高成本，商品也会畅销。因此，作为企业来说，发现目标群体的隐性需求非常重要。

话说回来，可能很多人会认为隐性需求就是潜在需求，但我将其称为隐性需求，是因为我认为这个说法更贴切。在我看来，隐性不满是隐藏在我们身边的事物。隐性需求同样如此，虽然没有人注意到，但我感觉它就隐藏在离我们很近的地方。

第四章 从生活出发思考创意

在网络如此普及,各种各样的兴趣爱好都可以广泛传播的当今社会,很难找到谁都不知道的新需求。即便我们想通过调查来发现潜在需求,但数字太多,模式太复杂,很难让这些潜在需求显现出来。所以重要的是,从隐藏在我们身边的不满中发现隐性需求。从和朋友的对话、不经意间看到的话语以及社会的氛围中探寻隐性不满,发现被忽视的隐性需求。就像"隐性"这个词所表达的那样,"隐藏在身边"这一认知很重要。

隐性不满和隐性需求就隐藏在我们身边。

回到演示的话题。我在说明演示的难点时,经常会提到演示和礼物的区别①。只要是你为对方着想而送的礼物(即使是对方不想要的东西),就能在一定程度上向对方传达自己的心意,无论如何对方也不会当场扔掉。但演示是商业行为,它和送礼物的

---

① 日语中,"演示"和"礼物"两个词的发音相似。——译者注

逻辑不同。无论你做提案的时候多重视对方，不符合对方需求的东西都会被舍弃。我在前文中也说过，为对方做的事情基本上就是把自己想做的事情强加给对方，"自己想为对方做，不管对方想不想要"的逻辑在商业上是行不通的。不想要的演示会被对方舍弃，所以你只能拿出对方想要的演示。

那么，什么样的提案才是对方想要的呢？实际上，答案就是上文提到的"其实你们对这个不满吧？→那就这样来解决吧！→这确实不错！"这三个条件的组合，也就是与之相对应的必胜方程式。如果你能做到这一点，你就能减少没有被注意到的不满，对任何人来说都是一件值得高兴的事情。如果你身经百战，想必就能在演示中提出这一组方案。要做到这样，需要彻底思考对方的不满和需求，这就意味着要站在对方的立场上思考问题。

问题	实现方案	未来
隐性不满 （其实你们对这个不满吧）	➡ 理念 （计划） （那就这样解决吧）	➡ 隐性需求 （这确实不错）

鉴于我之前也多次提到这个话题，可能有人会想："拜托，又说什么站在他人的立场上……"也许其中还有人会认为"我讨厌谄媚的行为""丧失了主体性可不好"，这样想就错了。请你

想想看，棒球选手要认真研究比赛当天投手的状态以及对方要投哪种球，买卖股票也要密切关注市场行情。也就是说，我们在做任何事的时候，都需要好好观察它所对应的对象。这理所当然是我们应该做的事情，但是一涉及工作，有的人会认为这样做是在谄媚奉承，我想这是因为他们在工作上并没有主体性。如果这是一个击败对手的游戏，站在对方的立场思考是很正常的。在工作中，带着这样的意识去面对问题，才能更加积极地行动。

所谓"站在对方的立场上"绝不是说要顺从对方。恰恰相反，我认为这是将对方的心吸引到我方来的技巧。我们通过向对方学习，了解对方的不满，让对方产生"感→动"，从而提出能够改变对方的提案。正如我所说，任何时候我们传达的都是自己的想法，如果能站在对方的立场上，就会知道关于沟通方式的答案。一旦找到了这个答案，就能做出很棒的演示。

商业活动是靠如何传达信息来决胜负的。因此，你的提案必须让对方对你的创意感到惊喜、产生共鸣，并愿意将它分享出去。为此，将自己的想法和创意以能让对方感到喜悦、产生共鸣、愿意向他人分享的形式表达出来是理所当然的。

今后，隔着屏幕的交流会更多。即便你觉得已经表达了自己的想法，但是因为一些小问题，这些想法并没有传达给对方，这样的情况也会增多。因此，如何将信息很好地传达给对方非常值得思考。所以，我如今也时刻站在对方的立场上，寻找隐性不满，寻找对方听到之后会很高兴的话，即对方的"穴位"。

▶隐性需求创造市场，也改变世界

正如上文提到的，隐性不满和隐性需求相辅相成。因此，有人可能会想"能通过隐性需求发现隐性不满吗"，很遗憾，要在短期内发现隐性需求非常困难。不过，不满很容易被发现。比起夸奖，人们似乎更擅长贬低。比起积极的需求，不满更容易被发现。因此，先要寻找隐性不满，然后再将其转化为隐性需求。这是我在多年的实践中积累的方法和顺序。按照这个顺序思考，每个人都可以酝酿出能引起他人强烈共鸣的想法。

如果能从隐性不满中发现隐性需求，就能创造出全新的产品和市场。如果这种隐性需求是"未来需求（未来的隐性需求）"，就已经达到了改变世界的程度。正如我之前讲过的，当年谷歌公司和雅虎公司预测了在网络时代将出现的"搜索难民"的不满，预测了"将来大家可能会想要搜索"的未来需求。如今，美国客户关系管理（CRM）软件服务提供商赛富时（Salesforce）已经成为全球最大的公司之一。它看准了复杂的客户关系管理未来会走向数字化，并发现了"的确，在数字时代，如果能对客户关系进行统一管理就好了"的未来需求。通过发现这一需求，最终，赛富时公司的客户关系管理软件被上万家公司引入。无论是谷歌公司、雅虎公司还是赛富时公司，都是发现了谁都还没有预见到点的未来需求，占得了先机，获得了压倒性的市场份额。

如果大家想在商业上获得成功，是可以看到方向的。那就是想象未来的隐性不满，并找到未来需求。当然，通往成功的道路布满荆棘，但我认为这是一条值得前进的道路。

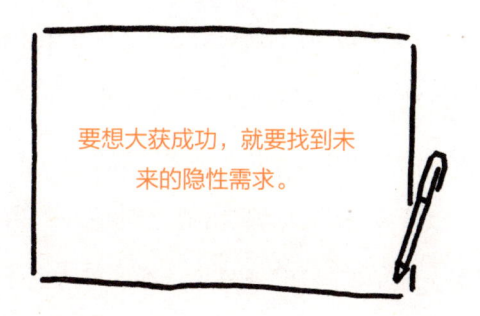

> 要想大获成功，就要找到未来的隐性需求。

▶ 答案就在生活中

接下来，我来谈一下本章的主题"从生活出发思考创意"。

实际上，从我的经验来看，以生活为基础来思考商业是通往成功的捷径。因为从人生出发进行思考，更容易发现企业或项目中的隐性不满和隐性需求，甚至是打动人心的创意。我已经讲过，所有提案都是为了打动人心，而要打动人心，需要三个元素：惊喜、共鸣、分享。除此之外，更重要的是关注对方的隐性不满和隐性需求。其实，探寻这三种好奇心，以及发现不满和需求的基础，就是这里所说的"从生活出发思考创意"。

如果专注于产品和服务的开发，或是绞尽脑汁地思考如何将它们销售出去，那么无论多能干的人，也会只关注产品和服务。但是，实际上使用产品的是人，而服务也需要渗透到每天的生活中。当然，此前一直强调的不满和需求，也存在于生活之中。

正因如此，我才认为产品畅销的契机存在于生活之中。技术再先进，设计再前卫，只要人们不想要，产品就卖不出去。归根结底，产品是否能卖出去取决于能否发现生活中存在的不满和需求。例如，大热的清洁品牌风倍清（Febreze）并不是单纯地生产除臭产品，而是生产为"把洗不干净的东西变得干净"这一生活中切实的清洁需求而诞生的产品。它的成功不是因为酒精浓度的改变和除臭液的改进等，而是因为减少了生活中的不满。另外，大受欢迎的在线订餐服务软件"优食"（Uber Eats）在消费者和商家生活的交汇点上发现了需求，消费者希望吃到更多店的外卖，而商家则希望配送更方便。因为发现了两者的需求，"优食"得以迅速扩张。信息技术的力量固然重要，但我认为从生活的角度来看，发展服务才是制胜法宝。

这种对生活中的不满和需求的关注是创造出畅销产品的关键。为了实现这一目标，我使用了一种思维方式，在此将它介绍给大家。它是一种非常简单的方法，那就是在生活中思考，这样做就可以了。

我们真正应该寻求的答案往往就存在于生活中。所以，我们要做的只有一件事，那就是从问题出发，在生活中寻找答案。也就是说，要站在产品和服务的使用者的立场上，在想象其生活的基础上寻找答案。我把这种思维方式称为生活思维，这样思考就能带来打动人心的发现。

生活思维

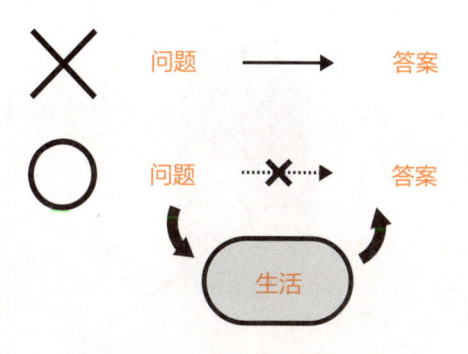

✕ 问题 ⟶ 答案

◯ 问题 ⋯✕⋯▶ 答案
↘ 生活 ↙

我们通过对生活的想象来寻找答案

在生活思维中产生的答案，可以换成"创意""解决对策"等，重要的本质问题也可以用这种思维方式来导出。总之，你能通过这种思维方式看到解决烦恼的曙光。最重要的是，产生答案的秘诀不在于数字和艰深的道理，而在于我们对生活的想象，所以很简单。但这个简单的思维方式是我所有企划和创意的基础，仅通过传授这种思维方式，就让很多企划人员想出了很好的方案，也让产品大卖。只要掌握了这个简单的方法，就能想出比之前的企划更高水平、更打动人心的创意。

下面的"生活思维图"显示的是生活思维的过程。我们在思考的主题（产品）旁边，写上"生活"，一边看着这张图一边思考生活的答案，就能有效解决生活中的问题。这张图很受好评，大家也试着使用一下吧。

产品　　答案　　生活

生活思维图

通过生活思维，我们能够想出让产品畅销的创意。其理由很简单，因为购买产品的是人，而产品是人在生活中使用的东西。

试想一下，你想要的一定是能够减少日常生活中的不满，满足自己需求的东西吧。想到生活中有这样的东西会变得更幸福，我们才会购买相应的产品或服务。我们是为了"更美好的世界"而发起购买行为的。反之，如果一个产品和生活没有关系，也无法减少我们的不满，那我们购买它就不会变得幸福，也就不会发起购买行为。当然，这都在情理之中。因此，我们在思考企划和提案的时候，需要从是否能让生活变得幸福的角度来提供服务，也需要在脑海中勾勒描绘能够打动人心的生活场景，在此基础上创造产品。

学会了生活思维，就会养成将人们的现实生活与产品联系起来思考的习惯。无论是产品、服务，还是企业、项目，支撑它们的都是人。因此，与人的想法不相关的创意是没有意义的。计划、愿景、理念都与生活相关，生活中才会有打动人心的发现，人在生活中才能想出让产品畅销的创意。

接下来，我将以生活思维为基础，详细说明如何思考创意。仅仅是掌握生活思维就已经很有效果了，但如果能理解我接下来要讲的内容，我想就能更深入、更精准地进行企划开发和演示了。

▶ 通过生活思维产生创意的生活共鸣图

那么，我们不妨试着运用生活思维来思考企划、提案吧。

在上文中我说过，生活思维是一种可以找到本质问题的思维方式。事实上，将前面所讲的隐性不满和隐性需求，与"愿景""理念""计划"，以及产品、服务和企业方面的"问题""提供的价值"相结合，我们可以制作出一张设计图以推导出演示的内容。这就是"生活共鸣图"。这张图能够精准地显示出企业真正需要解决的本质问题以及引起社会共鸣的创意。虽然

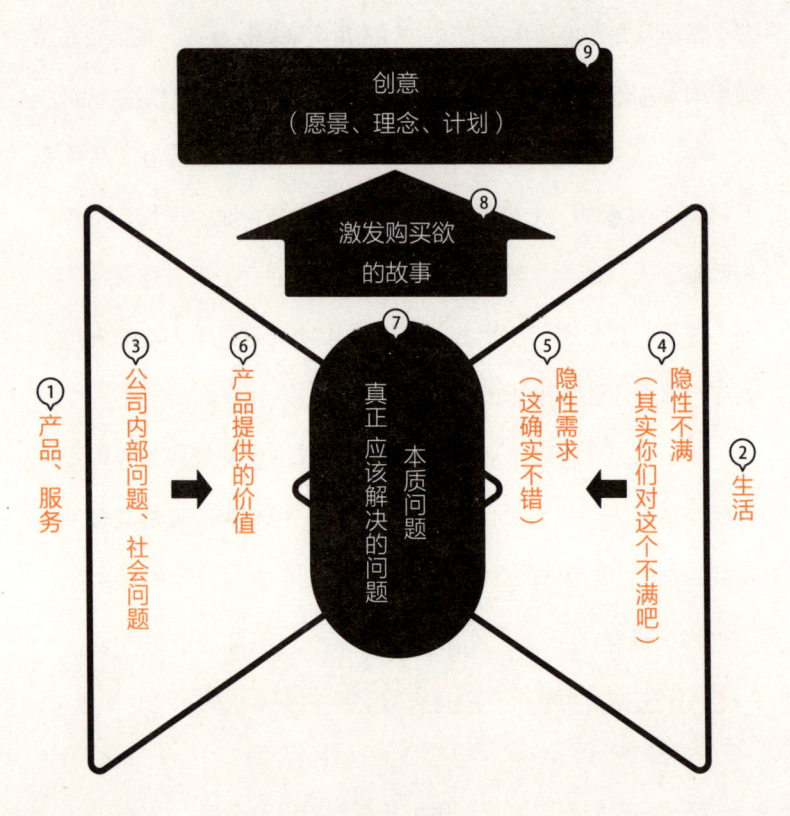

生活共鸣图

内容会比之前稍微复杂一些，但只要了解思考的规则，就会变得非常简单，所以请你不要害怕，一起来看看吧。

图的右侧和左侧就像人的大脑右半球和大脑左半球，分别描绘了来自生活方面的共鸣（感性）和来自企业方面的价值（理性）。并且，在两者的交汇处，产生了最重要的发现——本质问题，并由此升华为创意。如果我们不了解本质问题，那得出的创意可能就不是真正需要的创意。因此，如果我们要将创意开发规则化的话，这张图就是一种简单有效的方式。

为了便于思考，我已经在图中标注了序号。相信大家可以从图中看出，在思考创意的时候，我们通常都是按照从③到⑨的顺序来思考的。这样一来我们就能明白，没有经过对生活的思考，无视生活中的不满和需求，无视与产品、服务的共鸣，无视本质问题，就无法得出好创意。

接下来我想按照序号依次说明它们各自的意义以及要做的事情：

①两个三角形，在左边填入产品名称、服务名称、企业名称等。

②在图的右侧写上"生活"。这时，如果明确写"30多岁家庭主妇的生活""13岁男孩的生活"等目标的话，就更方便思考了。

③在左侧写上产品或服务的问题，以及企业中已经显现出来的问题。最好把社会问题也写下来。

④在目标对象的立场上，一边想象其生活，一边彻底梳理与③有关的不满。请找出隐性不满，即"其实你们对这个不满吧"。

⑤如果出现了几个隐性不满，就把它转化为"⑤这确实不错"，以探寻隐性需求。

⑥一边观察右侧的隐性不满和隐性需求，一边将目光移向左侧，梳理产品或服务能提供的功能、价值、体验。

⑦通过左右交替观察，在满足生活需求的同时，结合产品或服务所能提供的内容，思考本质问题。不要想得太复杂，"如果能做到这一点就好了！而且好像能做到！"如果能有这样的发现，那就是企业、项目真正需要解决的问题。不要只想一个本质问题，最好多想几个。

⑧想到了几个本质问题之后，就会有一个构思的过程，通过一些创意来引起大家对产品的兴趣。这里涉及第五章将要介绍的"故事"。

⑨最后是创意。有些创意是可以推广的实现方案（计划），有些创意则是公司内部的愿景或理念。你可以结合具体的工作来决定你的最终创意是什么。

以上就是运用生活思维绘制生活共鸣图的方法。可能大家会觉得有点难，但实际上，只是将产品和生活交替思考而已。那些能思考出好创意的人，他们能够瞬间在脑海中瞬间完成上述过程。

大家也一样，如果习惯了，几分钟，不，几秒就能搞定。

▶ 想象让人幸福的场景，就能得出答案

使用生活共鸣图的好处，在于既能引起大众的强烈共鸣，又能获得企业的认可，还能找到可实现的本质问题，最后这一点至关重要。其实，只要能设定本质问题，创意的好坏并不是什么大问题。这么说可能会让人吃惊，但我多年的经验表明，如果一个问题好，解决该问题的方法（想法）也会自然而言地变好。

如果不是打动人心的发现，那么其实现方案就不能称之为创意。就像我在前文中讲的那样，基于人的不满和需求的本质问题中充满了能打动人心的发现，所以解决这些问题的任何事物都可以被称为创意。因此，解决本质问题就已经足够了，但要想让创意更好，还需要思考如何更深入地打动人心、更广泛地传播。综上所述，"解决本质问题+更深入地打动人心+更广泛地传播＝好创意"，希望大家能记住这个公式。

人们常说创意会从天而降，但实际上，我认为踏实思考的人更有输出创意的能力。但是，如果对这样的人说"请想一个创意吧"，他们大多会回答"我做不到""没有悟性是不行的吧"。然而，任何人都可以通过观察生活共鸣图，回想身边人以及自己

的生活，找到隐性不满和隐性需求，从而轻松打开思路。尤其是在商业领域，创意和天赋关系不大。我认为，比起跳出框架思考的人，以生活共鸣图为基础踏踏实实地审视人生的人，才具备输出商业创意的能力，也才是富有创造力的人。

因此，生活共鸣图对于商业活动中必要的本质问题和催生解决方法具有划时代的效果。一旦习惯了使用生活共鸣图，就会发现它用起来很简单，应用范围也很广，希望大家多多尝试使用。除了针对为演示思考企划、制作提案的时候，在经营上遇到烦恼的时候、想提升团队士气的时候、想解决公司内部问题的时候……如果能在这些时候使用生活共鸣图，就能发现本质问题并找到相应的解决方法。

不可思议的是，只要我们在生活共鸣图的右侧写上"生活"两个字，就能想象该产品让生活变得更好的场景，最终很多问题都会得到解决。这张生活共鸣图虽然很简单，但真的非常有效，请务必一试。

> 通过生活共鸣图来思考，就能同时打动提案对象和大众。

▶ 如何使用生活共鸣图来销售罐装咖啡

前文讲得有点理论化了，现在我要通过实例来说明生活共鸣图的用法。这次的主题是"畅销罐装咖啡的创意开发"。

请先在纸上写下你喜欢的罐装咖啡品牌的名字（或者把罐装咖啡放在面前），然后在旁边写上"生活"。如果在这里设定更明确的目标，就更利于思考了，所以这里我们假设"30~40岁职场人士的生活"。把目标设定在身边的人身上更容易想象，也更容易得出现实的想法，所以我们不妨从身边的人开始思考。

这样就完成了准备工作。接下来，请你一边观察产品和生活，一边按照上文所讲的①~⑨的顺序来思考。

尤其是图右侧的内容，一定要充分发挥想象力。目标群体从早到晚过着怎样的生活？他们什么时候会想喝咖啡？也可以想一下目标群体对咖啡的需求有何不同。在30~40岁职场人士和咖啡之间，会有怎样的不满和幸福的场景呢？总之，这样看待咖啡和人生，我们就会在某个不经意的瞬间发现"其实他们对这个不满吧""这确实不错"等不满和需求。

接下来，请你一边思考生活部分，一边举出⑥的内容，即罐装咖啡可以提供的东西以及你认为能够引起共鸣的东西等。

这样一来，就能在左右的交叉点（本质问题）中发现各种各样的创意开发视角。我把我所想到的不满、需求、产品价值、本质问题都写了上去（见下图）。

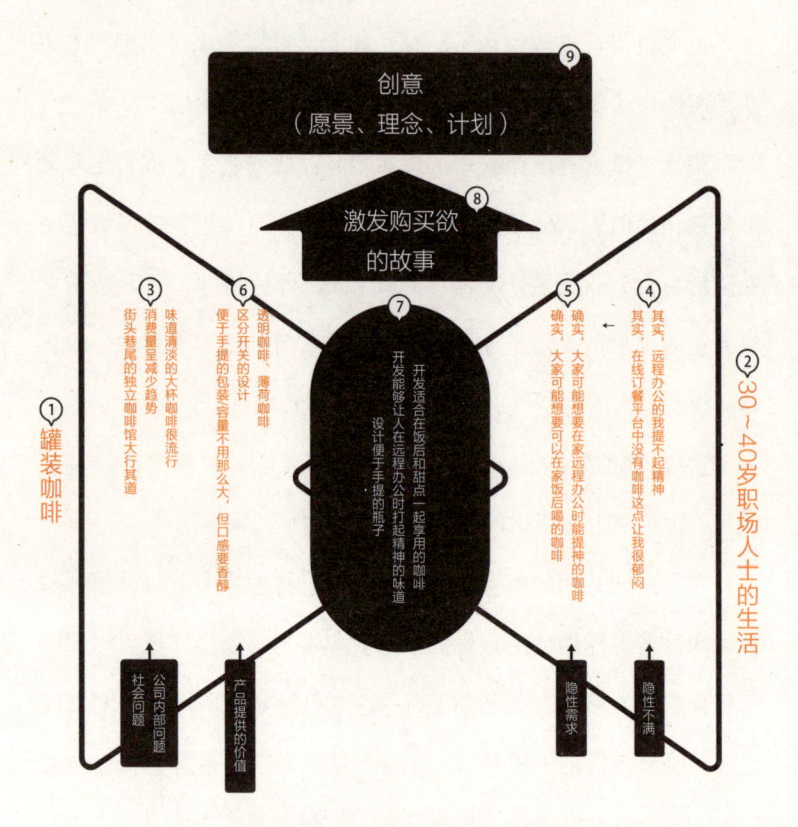

```
                    ⑨
            ┌─────────────────┐
            │      创意        │
            │ （愿景、理念、计划）│
            └─────────────────┘
                     ▲
                    ⑧
              ┌───────────┐
              │ 激发购买欲 │
              │   的故事   │
              └───────────┘
```

① 罐装咖啡
② 30~40岁职场人士的生活
③ 味道清淡的大杯咖啡消费量呈减少趋势，街头巷尾的独立咖啡馆大行其道
⑥ 透明咖啡、薄荷咖啡区分开关的设计便于手提的包装容量不用那么大，但口感要香醇
⑦ 开发能够让人在饭后和甜点一起享用的咖啡开发适合在远程办公时打起精神的味道设计便于手提的瓶子
⑤ 确实，大家可能想要可以在家饭后喝的咖啡
④ 其实，远程办公的我提不起精神，在线订餐平台中没有咖啡这点让我很郁闷

社会问题 | 公司内部问题 | 产品提供的价值 | 隐性需求 | 隐性不满

罐装咖啡创意开发的生活共鸣图

　　如图所示，我们按照生活共鸣图稍微思考一下，就能找出好几个本质问题。虽然问题的数量和精确度可能还不够，但其中一些发现可能是你不使用该图前无法想到的。

▶ 通过源头思维和生活共鸣图，迈向更精准的本质问题

通过我刚才的例子，你稍微了解生活共鸣图的用法了吗？当然，我只是举了一个例子。我认为还可以找到更多不满和需求，以及有更多产品方面的发现。请一定要在你的工作中活用生活共鸣图，在图中写上各种各样的不满和需求。这样你就会有意想不到的发现，也许还能找到尚未问世的隐性需求。

曾经在日本大受欢迎的产品早晨罐装咖啡的出现，也是因为该企业从大众的"早上感觉很不清醒""早上没时间喝咖啡"等隐性不满中，发现了他们希望有专门针对早晨的罐装咖啡的隐性需求，从而开发了新产品。生活共鸣图是一种帮助我们找到一直以来被埋没或思考不到的创意的构思技巧。因此，不要想着"这个品类的产品已经卖不出去了""这是产品，我不可能卖服务"而放弃，请你试着使用生活共鸣图。我想一定会通过这个图找到将产品顺利销售出去的发现。

我无论做什么工作，都会用生活共鸣图来思考。制作汽车广告、开发应用程序、策划酒店、参与企业经营并发言等时，我都要在旁边写上"生活"二字，以此来寻找本质问题。

我既不是汽车制造专家，也不是经营专家，而是一名广告文

案撰稿人。但是，我被各种各样的公司邀请，是因为我所做的主题为与生活有关的创意的演示具有很高的价值。无论多么优秀的人，都容易执着于自己的产品、服务、企业或团队，并围绕这些内容来输出创意。所以才会有人说，希望看到能够将大众的生活和产品连接在一起的创意，这些创意不是肤浅的，而是能够为人们带来幸福的根本。

将创意与人生并列思考，你就会发现创意不仅与产品有关，还与给人带来幸福的本质问题有关。而在今后的混乱时代，正是这些本质问题将成为为人们指引道路的光亮。所以，能够创造未来的演示需要我们通过生活共鸣图来催生本质问题和创意。

在第二章中我介绍过，源头思维是找到本质问题的关键。当然，仅靠源头思维也能发现本质问题，我在日常工作中也会用源头思维来进行思考。只是，在我做演示或重要决策等需要更精确地发现本质问题的时候，使用生活共鸣图效果会更好。我认为最好的方式是将二者结合起来，通过"源头思维+生活共鸣图"的组合来思考。这样我们能够后退一步看问题，从而更清晰地看到本质问题。而且，由于我们可以通过源头思维来思考产品和生活，因此容易引起对方和社会目标的强烈共鸣。

▶ 同时打动演示目标群体和市场目标群体

在此，我们先来思考一下与演示有关的两个目标。它们就是我刚才提到的对方和社会目标，我把它们分别称为"演示目标群体"和"市场目标群体"。

那么，让我们先来看看演示目标群体的想法吧。客户、公司上司、利益相关者等是演示目标群体，他们从平时开始就一直在思考"有没有让产品更畅销的方法""应该发掘新客户""想突破公司内部的现状"等。而且，从日常的商业状况来看，我们也知道，对现有想法的再加工或对某些东西的模仿无法实现突破，所以我们要寻求新奇有趣的提案。如果不征服演示目标群体，提案的产品和创意根本就无法问世。因此，你做的演示必须先满足演示目标群体的想法。这是理所当然的事情，但在演示中经常不受重视。演示者往往过于关注市场目标群体的想法，而忽略了企业中的演示目标群体。

实际上，用刚才的生活共鸣图就能满足演示目标的想法。因为可以从产品和生活两个方面切入，所以能够充分了解企业的产品特性和共鸣点，在此基础上立足于人生方面的隐性不满和隐性需求，发现前所未有的视角（本质问题），从而满足演示目标的想法，这也是生活共鸣图的优点。虽然不是很明显，但必须说，同时打动演示目标群体和市场目标群体的心是很重要的。

接下来，我将谈谈市场目标群体。

市场目标群体一般被定义为消费者或购买者，但我将市场目标群体定义为"会在认可我们所传达的想法后采取行动的人"。重点是会为产品付出行动，因此，在大众市场上锁定那些会采取购买、聚集、支持等实际行动的人就显得尤为重要。但是，这个范围很难缩小。在刚才提到的两个目标群体中，我们可以事先调查演示目标用户，但不可能事先调查和了解全部的市场目标用户。

此外，确定这一目标群体的范围也很难。当然，主要的目标群体是那些看起来会采取实际行动的人。但实际上，这部分人身边的家人和朋友也可能会对购买做出贡献，销售商品的售货员、流通渠道的配送员、产品公司的员工及其家人等都有可能推广产品。而且，还会有因为意想不到的理由而购买产品的人，在油管网（YouTube）上推广产品的名人……也就是说，目标对象包括各种类型的人群，所以必须仔细思考他们各自的生活状态，找到他们和产品的联系。

可能有人会生气地表示"我怎么可能把这些人统统考虑在内"，当然，这我也能理解。但是，我希望大家明白，现在是一个多元化的时代，与以前的营销相比，目标群体变得更加复杂，现在是小社群引领大世界的时代。尽管如此，也有很多企业因为不知道目标群体有哪些，所以想先大范围推广一下。但是这样就像站在街角用扩音器大声说话的选举候选人一样，结果是根本不会有人停下来听。不瞄准靶子（目标）的箭很难射中，同样的道理，如果你的表达不是针对某个特定目标群体，那它可能无法传达给任何人。传达想法不要传达给大家，而要传达给你，这种意识非常重要。要将想法传达给对方，关键在于确定目标用户。即使某样产品很难确定目标用户，也应该竭尽全力努力去做（尽可能以身边的人为参照），以此进入生活共鸣图。

最能传达到位的，
是针对一个目标用户的信息。

✕ 传达给大家（无法传达）

◎ 传达给你（能够传达）

要想将信息传达给更多的人，你先要将其深入地传达给某一个人。这就是我对目标的看法，也是我经过多年经验得出的奥秘。在这个时代，只要你能将自己的想法深入传达给某个人，你就能与其他人产生连接，让想法扩散开来。因此，关键在于锁定这个人。

我也知道，锁定最初的这个人很难，所以才需要方针。而我决定谁是第一个人的方针,其实是深度。

▶ 目标用户的深度重于数量

我认为,我们能找到任何产品与生活之间的关联。也就是说,无论目标用户是谁,你都可以想出对应的创意,让对方想要自己的产品。为什么这么有自信呢?因为通过生活共鸣图,我们可以找到任何人生活中产品与需求的交叉点。

只是,需求的强度因人而异。因此,我会尽量选择那些有强烈需求的人作为目标用户。哪怕只有一个人,只要需求强烈就没有问题。因为那个人怀着强烈的意愿购买了产品,所以他一定会热情地向身边的人推广这个产品。在社交网络时代,有深厚感情和强烈需求的人是信息的枢纽。这种感情和需求催生了比大众传播更广泛的信息传播,为产品带来了新的购买者。综上,我认为拥有强烈需求的个人和社群是新时代的目标用户。

在日本,年纪曾一度代表了一种属性。做学生的年纪、结婚生子的年纪、抱孙子的年纪等,人生阶段与年纪息息相关。企业会根据不同的人生阶段来开发产品、策划广告、制作销售企划等。那个时候,企业的目标用户是大众,也就是一大群人。当时,企业一般按照F1和M2(F1指20~39岁的女性,M2指32~49岁的男性）这样笼统的营销属性来制造产品并进行广告宣传，产品就能大卖。但如今，我们处于一个多元化的时代，而且是社交网络时代。人们的生活方式、志向、工作方式、兴趣等也都各不相同。此外，每个人获取信息和输出信息的平台也不一样，因此很难通过年纪、性别等笼统的属性来捕捉目标群体。

如今，饮食、时尚、音乐，以及信息技术设备、应用程序、自行车等各种各样的事物都是由超细分化的兴趣群体所支撑的。一直以来以大众为目标的大企业也开始开发针对少数人的服务，这是很普遍的现象。当今时代，小社群才能吸引更大的关注。可以肯定的是，过去那种以大众为目标的模式今后将不复存在。从这一点来看，企业应该根据目标受众对产品的兴趣深度来选择商业目标，而不是根据信息传达到的人数来选择，并且尽可能地将目标锁定在小的单位（个人或社群），针对热情高的少数人提出适合的提案，这一点非常重要。

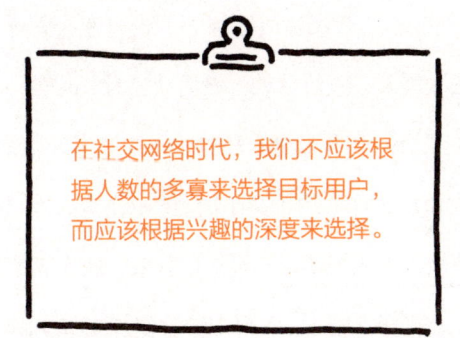

在社交网络时代，我们不应该根据人数的多寡来选择目标用户，而应该根据兴趣的深度来选择。

▶ 从小范围中发现大众的兴趣

并不是说我们以一个人或少数人为目标，商业规模就会受到局限。上文也提到过，现在是社交网络时代，一旦产品渗透，就可以从粉丝到粉丝、家人到家人、朋友到朋友，通过社交网络产生横向关联，从而创造出巨大的商业潜力。

那么，这个时代的演示应该是怎样的呢？"这是针对50多岁的人的战略"这种笼统的做法固然行不通，但"只以极少数人为目标，等待其自然传播"这样的做法也不是一个好的提案。我来告诉你一个好方法吧，那就是"逆向思维"。

什么是逆向？那就是不像过去那样，将面向大众的信息传达给细分的目标，而是相反，向大众提供细分的生活方式。我把这种方法称为"放大镜方法"，我认为，这正是在新时代能够打动更多人的创意机制。用概念来说明比较难理解，我来举例说明吧。

我先要讲的是吉野家公司的例子。吉野家公司于2019年起用"放大镜方法"展开了宣传活动。该活动名为"#我的吉野家"，活动内容是征集只有一部分吉野家狂热粉丝才知道的隐藏菜单，并将它们推荐给大众。比如介绍了"牛肉盖浇饭，饭少料多"等新鲜吃法。这些吃法被很多人模仿后渐渐推广开来，成为固定菜单。

可以说，当今时代正是由超细分社群中的未知来激发大众的兴趣。《松子的未知世界①》和《罕见奇人研究所②》等电视节目的流行，人们对油管网上的狂热解说趋之若鹜等，正是因为放大镜方法反映了时代的情绪。

这是一种通过超细分化的社群向大众靠拢的方法，它与日本昭和时代③的大众营销正好相反。我预计，"放大镜方法"将在未来创造出更多有趣的想法。

当今时代，未知更能激发大众的兴趣。

---

① 日本综艺节目。由日本著名"毒舌"主持人松子主持，每期节目有1~2个专题，嘉宾均非知名人士，他们对自己的"狂热爱好"有持续的追逐并将相关知识整理形成体系，介绍给主持人松子和观众。——译者注

② 日本综艺节目。该节目邀请嘉宾讲述他们在现实生活中令人震惊的经历，将他们作为研究样本。——译者注

③ "昭和"是日本天皇裕仁在位期间使用的年号，时间为1926年12月15日—1989年1月7日。——译者注

> 罕见的、过度的、狂热的。我们用放大镜把微小而强烈的痴迷放大，再放到社会上，就会流行起来。

▶ 寻找小型市场

下面，请允许我稍微谈谈我的本职工作——广告文案。

"没有所谓的上班族工作"（来自西武季节集团的糸井重里），你知道这句广告词吗？当时是昭和时代，人们总爱给他人贴上"上班族""家庭主妇"等笼统的标签。这是我最喜欢的广告文案之一，因为它向那个时代呼吁"其实不存在这样的框架，大家要重视个性"。

昭和时代的人们对人生阶段和工作的划分很简单。因此，人们的生活就被束缚在了框架之中。哪怕只是晚婚、辞职，也会被他人用异样的眼光看待。那个时代，每个人都有自己的个性，却无法肆意地表达个性。对于想要自由生活的人来说，它或许是一个很压抑的时代。

但如今，上班族所代表的"框架"已经消失了。现在，人们可以成为各种各样的自己，就像有的人既是上班族也是网红，或者既是上班族也是美食家。而且，在当今时代，任何人都可以通过社交网络发布信息，参加网友见面会、漫画展、电影首映会等，也可以在网上发布内容。今后，社交网络和表达自我的手段一定会不断革新，表达个性的方法和通过兴趣将人们聚集在一起的方法也会层出不穷。与此同时，人们的兴趣爱好也会变得更加多样，大家会加入更多的社群。

但是，要说大家都只依靠小社群的信息生活，我认为恰恰相反。正如我们在最近的照片墙和抖音国际版的传播中看到的那样，在一个小社群开始的有趣的事情可以通过多个社群传播开来，并迅速扩散到整个社会。这样一来，未知的价值就会急剧上升，细分后的社群价值也会急剧扩大。媒体和企业开始竞争，如何更快地了解和推广这些信息。可见，一个极小的社群可能会对一个很大的市场产生影响。

我把这样一个由小众兴趣和偏爱构成，并且可能推动大市场的社群称为"小型大市场"。小社群蕴藏着巨大的潜力，只要你关注这个市场，就能发现新的商机。当然，如果像我说的那样精确锁定目标，也许有人会反驳"这样市场营销的范围太狭窄了，这么做效率太低"。但是，哪怕是极少数的人出于"这非常有趣"的强烈意愿而创造出的事物，其中也蕴含了成长为一个大市场的巨大能量和潜力。约翰·列侬[1]（John Lennon）为小野洋子[2]创作的歌曲《女人》（Woman）引起了全世界女性的共鸣，这首歌传唱至今。同样，引起某个人或某个小社群强烈共鸣的情感也很有可能掀起波澜。而在多元化的社交网络时代，这样的小小波澜完全有可能成为世界级的浪潮。

> 新时代的大浪潮是从小社群中诞生的。

▶ 让妈妈买睡袍的方法

本章的主题是"从生活出发思考创意"，为了阐述贴近目标人群的生活是多么重要，请允许我稍微偏离主题。

我以前在广告学校教书时，曾提出"想办法让妈妈买睡袍"的问题。当时学生提出的全是"跟她说她这个年纪也很适合穿睡

---

[1] 英国男歌手，摇滚乐队披头士的成员。——译者注
[2] 美籍日裔音乐家、先锋艺术家。——译者注

袍""告诉她睡袍的面料很舒适"之类的点子。但是这样说的话，有一定年纪的妈妈是不会买的吧，她们始终还是有点不好意思。我想，提出这些点子的人一定也是一边怀疑"这样妈妈不会买吧"一边提出的。

于是我问："大家真的觉得这样说的话妈妈就会买睡袍吗？"下面一阵沉默，然后我继续说："其实有一个方法一定能让她买，那就是告诉她'妈妈，我开睡袍店了'。"几乎所有的学生都愣住了，有几个学生露出了"啊？这样不行吧"的表情。当然，这句话只对自己的妈妈有效，不能作为广告文案使用。但是，这个问题的目标是自己的妈妈，如果你给自己的妈妈打电话，告诉她"我加入了睡袍公司，你买一件吧"，她一定会心动的。

我希望大家从这个故事中学到的不是要想一些新奇的点子，而是先要想办法打动对方的心，这非常重要。在不伤害他人的前提下，直接谈话也好，其他方法也好，只要你能找到能让对方购买的方法就行。"哪怕只有一个人也好，我一定要打动他的心，让他买下来"，一切都是从这种强烈的意志开始的。

正如上文所说，今后是社交网络的时代，而且是以有深刻而强烈意愿的人为目标的时代。说得极端一点，只以一个人为目标也可以。如果能打动真正有强烈意愿的人的心，那么这个想法一定能传播给更多的人，打动更多的人的心。

我们要坚信这一点，先考虑打动身边的某个人的心。不要以很多人为目标，而要从找到重要的人开始。这个人可以是朋友、家人、客户、领导，也可以是你喜欢的博主。找到他对生活的不满，将其转化为需求，思考如何打动他的心。如果做不到这一点，就无法打动更多的人。改变世界的商业活动都是从解决身边某个人的不满开始的。同样，我认为真正打动人心的想法，都源于对某个具体的人的关注。

> 认真思考打动某个人的心的方法，所有的想法都源于此。

话说回来，这个睡袍店的点子也来自之前所讲的生活共鸣图。你先在左侧写上"睡袍"，在右侧写上"妈妈的生活"，然后想象妈妈生活中穿睡衣的场景，找出她的不满。这些不满可能是"其实我不想被当成老奶奶""其实我不喜欢每天洗衣服"，也可能是"我不喜欢紧身睡衣""在跟无法见面的孙子视频聊天时，我没有可以穿的衣服"。像这样将生活和睡袍放在一起思考，你就会发现妈妈对睡衣的诸多不满，而你之前认为这些不满是不存在的。

然后，把目光移到生活共鸣图的左侧。一边对比睡袍提供的价值一边寻找需求，就能发现妈妈的一些隐性需求，如"想要穿起来年轻的睡衣""想要比分体式睡衣干得更快的睡衣""想要很飘逸的衣服，这样能给孙子展现仙女之舞"等。而且，就像我在上文中讲的，我们还能发现"确实，如果我的孩子在卖睡袍的话，我一定会买……"这种针对性极强的需求。

"哪怕只有一个人也好，我一定要打动他的心，让他买下来"这种强烈的意志非常重要。

哇！奶奶好漂亮！

仙女之舞

就像这样，无论是多特殊的问题，都要考虑目标对象的生活，努力找出对方的不满和需求。这样一来，就能发现谁都想不到的本质问题，想出独一无二的点子。这是因为，世界上的任何事情都有与生活相关的连接点，只要你能找到这些连接点，就能打动他人。所以说，创意就在生活中。

▶ 不贴近生活的创意就不是创意

过去，我所在的广告公司常做这样的演示："如果用数字来表示目标群体的偏好……"这类演示中通常会出现如下说法："我们的目标用户是60多岁的女性。这个年龄段75%的人喜欢碎花图案，55%的人喜欢面料柔软的衣服，所以这种碎花图案的睡袍应该会畅销……"但是，这种说法不可信吧？我的意思是，我认为我们完全想象不出目标女性的形象。这样的发言至今仍在很多演示或会议场合被讨论，当然，这谈不上是本质问题的讨论，更别说推出创新产品了。因为如果我们没有仔细观察一个人的生活，只是从一个笼统的属性出发，从一个大概的数字趋势中来思考产品营销创意，这样诞生的创意与任何人的生活都没有关系，不会引起任何人的共鸣，更不会让他们购买产品。

那个人什么时候会穿碎花图案的衣服呢？她付钱的时候在想什么，她想要什么，过着怎样的生活呢？这些与生活相关的细节才是真实的，才能让你发现创意的种子——不满。创意的种子并非来自数据，而是来自对实际生活中的人的充分想象。为了彻底贯彻这种想法，就需要生活共鸣图。

三得利公司①旗下的万志啤酒（The Premium Malt's）的"获得特别金奖的啤酒"，以及日产旗下商务车赛瑞纳（Serena）的"回忆最珍贵"都是我参与制作的广告，它们也都是通过生活共鸣图，把"生活"写在产品旁边而想出来的创意。以万志啤酒为例，现在人们会使用各种词语来描述啤酒的味道，但我认为这样做并不会让大家想喝啤酒。然而，万志啤酒毫无疑问是很好喝的啤酒，于是我在旁边写上了喜欢啤酒的人的生活，思考他们到底想喝什么样的啤酒。这让我发现了"会喝××推荐的啤酒""想喝获奖的啤酒"等隐性需求。就这样，以"万志啤酒获得了蒙特奖②（Monde Selection）特别金奖"这一事实为基础的"获得特别金奖的啤酒"广告词就诞生了。

　　此外，日产赛瑞纳的广告词"回忆最珍贵"的诞生，是因为当时丰田、本田、日产之间展开了被称为"小型货车战争"的激烈竞争。那个时候，我认为发动机、车门、内饰等配置的出彩不足以打动人心。从当时的"爸爸们的生活"出发来思考，我发现在家人和小货车之间，隐约可以看到爸爸们的一种内疚感。爸爸

---

① 日本的一家以生产和销售酒精饮料和软饮为主要业务的企业。——编者注
② 蒙特奖，国际酒水行业知名奖项。——译者注

们因为太忙总是开车出去工作，而把家人和孩子们放在一边。因此，为了减少内疚感，我们给那些真正为家庭着想的目标用户提供了一个行动指南——用汽车来制造与家人之间的回忆。

　　以上两个例子，都是我们通过对现实人生的思考来发现隐性需求，从而提出真正能打动目标用户的创意。接下来，我再介绍一个和这些例子一样，通过使用生活共鸣图思考身边人的生活而诞生的项目。这就是我在第三章的理念案例中提到过的"超值星期五"。我想大家都已经了解了，"超值星期五"活动鼓励员工在每个月的最后一个星期五提早下班，丰富个人生活，从而促进日本国内消费。从该活动发起的那一刻起，"缩短工作时间"就成为热门话题，活动的宣传覆盖面很快超过了97%，并带来了巨大的经济效益。

"超值星期五"

但实际上，当初的企划案中并没有包含缩短工作时间和改革工作方式。我们的团队从策划之初，就回到了源头思维，先提出"个人消费到底为什么不活跃"的问题，进而通过生活共鸣图来发现大家的不满。结果我们发现大家生活中有很多不满，如"想买很多东西但没有足够的钱""其实我对未来感到不安，所以只能存钱""太忙了，没时间消费"等。因此，我们从大量"妨碍经济发展的不满"中提取出了"没有时间"这一项，并从中发现了"如果有自由时间，确实想学习或自我投资"的隐性需求。

仅从生活共鸣图的左侧来看，政府给予一次性补助金［例如"儿童补贴"或"Go To Travel[①]"（去旅行）补贴等］都是可行的，但我们认为这是不可持续的。结合右侧的隐性需求来思考，我们产生了这样的想法：干脆由日本政府主导，提倡缩短工作时间，为人们创造可以自由支配的第三时间怎么样？至此，我们找到了作为"超值星期五"之基础的本质问题。

从左侧和右侧两方面入手发现的本质问题，与日本政府"抑制过劳"的理念相呼应，升华为"每个月最后一个星期五3点下班，让生活更丰富"的理念。由此，既被大众接受，又符合日本

[①] 日本政府于2020年7月正式实施的旅游振兴计划，提出了以日本国内游为对象，补贴一半住宿费和一日游的旅费等相关措施。——译者注

关键表达：引爆销量的创意策划案

政府振兴经济意向的"超值星期五"诞生了。

"超值星期五"能够掀起浪潮，应该归功于它的最大亮点，

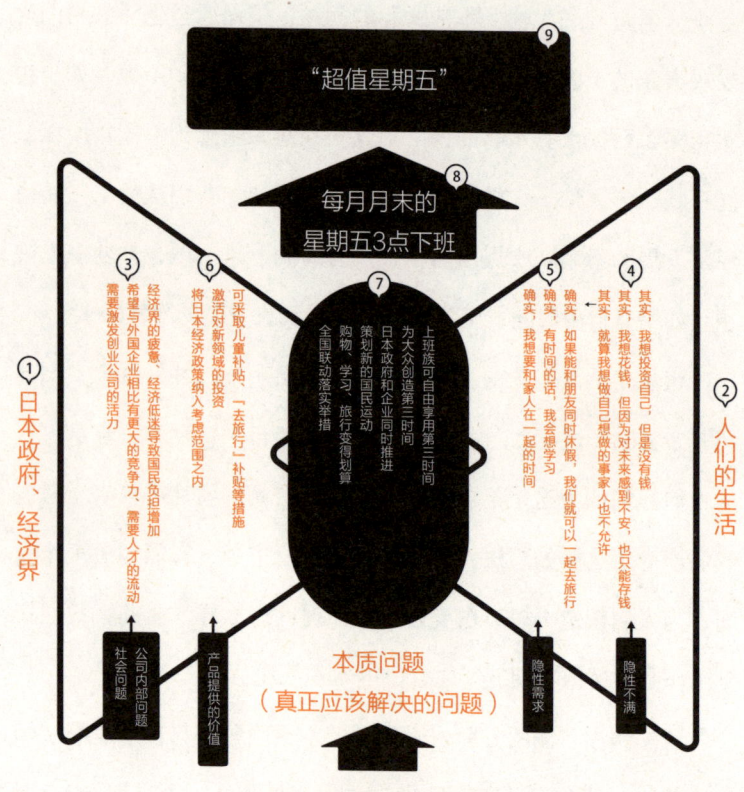

⑨ "超值星期五"

⑧ 每月月末的星期五3点下班

① 日本政府、经济界

③ 经济界的疲惫、经济低迷导致国民负担增加，希望与外国企业相比有更大的竞争力，需要人才的流动

⑥ 将日本经济政策纳入考虑范围之内，激活对新领域的投资

⑦ 上班族可自由享用第三时间，为大众创造第三时间，日本政府和企业同时推进策划新的国民运动，购物、学习、旅行变得划算，全国联动落实举措

可采取儿童补贴、"去旅行"补贴等措施

⑤ 确实，我想要和家人在一起的时间，有时间的话，我会想学习，如果能和朋友同时休假，我们就可以一起去旅行

④ 其实，我想花钱，但因为对未来感到不安，也只能存钱，就算我想做自己想做的事家人也不允许

其实，我想投资自己，但是没有钱

② 人们的生活

社会问题 | 公司内部问题 | 产品提供的价值 | 隐性需求 | 隐性不满

本质问题（真正应该解决的问题）

↑ 到底为什么经济不活跃？

↑ 策划一个促进个人消费的活动（最初的课题）

"超值星期五"的生活共鸣图

那就是提出了"3点下班"的具体行动方案。如果只是"周末提前几个小时下班",媒体就不会大肆报道,"超值星期五"也不会发展到席卷日本全社会的地步。

由此可见,我们通过"源头思维+生活共鸣图"来思考活在当下的人们的真实不满与需求,并制定出导向具体行动的理念,这样的话不仅是产品的推广,即使是国家层面的项目,也能起到打动人心的效果。

如果你考虑的是"最近,关于国民意愿的数据是……""为了推动经济达到……"等冷冰冰的数字和属性,就不会了解国民忙到没时间消费的真实想法,也不会拿出"3点下班"这样切实可行的提案。不贴近生活的创意就不是创意,在我看来的确如此。

请大家一定要试着用生活共鸣图来思考创意,然后寻找隐性需求。无论多棘手的问题,只要你对目标用户的生活展开充分想象,就会比预想中更轻松地获得创意。

专栏

演示手记4：理念会变，愿景不变

经常有人说"一旦确定了理念，最好不要改"，这很明显是不可取的。世界在不断变化，我们所面临的问题也在变化。因此，从问题到愿景，打动人心的理念不可能一成不变。这样一想你就会明白，要实现愿景，就要根据时代和情况来调整理念。另外，愿景并不会不断改变。愿景好比是航海时的北极星，它可以为我们的行动指引方向。

理念随着时代的发展而变化

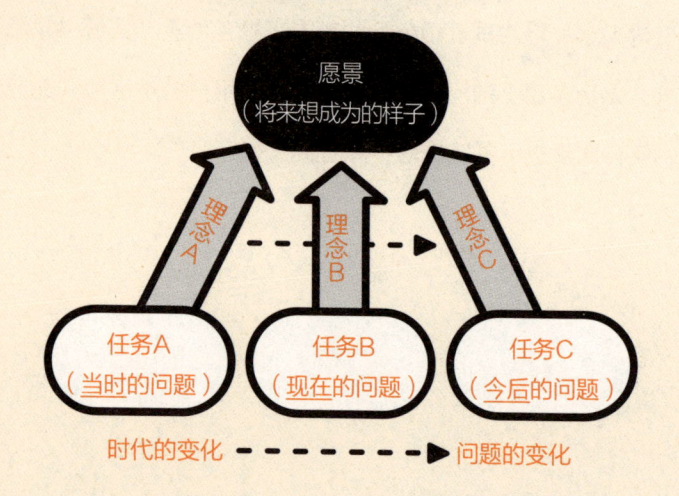

愿景
（将来想成为的样子）

理念A　理念B　理念C

任务A　　　任务B　　　任务C
（当时的问题）（现在的问题）（今后的问题）

时代的变化 ----▶ 问题的变化

最好有一个不变的愿景，这样就不会迷失方向。

2020年，新冠肺炎疫情给世界带来了巨变，但仍有企业凭借快速的判断和行动取得了成果。而且，这些企业都有一个明确的愿景作为它们的行动指南。比如，星巴克公司在日本受到新冠肺炎疫情影响时，迅速决定在日本暂时关闭80%的门店，日本社会对其快速的反应给予了极高的赞誉。星巴克公司这样做，是因为其愿景是将顾客和伙伴（星巴克公司对员工的称呼）的幸福健康放在第一位。因此，作为盈利企业，虽然这是一个很艰难的选择，但星巴克公司也能立刻付诸行动。此外，吉野家公司以"好吃、便宜、快捷"的愿景作为行动指南，针对顾客需求从堂食向外卖的转变，也开始将理念转变为"开发好吃的外卖菜品"。吉野家公司也因为第一时间采取了外卖优惠措施而维持住了销售额。

可见，在不断变化的时代，我们更应该以清晰的愿景为指南，改变理念，采取行动。

第五章
强化传达和销售

▶ 什么是故事

我常说："打动人心的演示一定有一个好故事。"那么到底什么是故事呢？

一般来说，说到演示的故事，很多人会想到10分钟或30分钟的演示剧本，但我所说的故事并非如此。我说的故事并不是演示的流程，它的存在是为了加深对方对演示的共鸣，以便将演示内容传达给更多的人。

和设计一样，故事一词在商业世界中频繁被提及，近年来俨然已经成为流行语。这两个词中，设计一词已经广为人知，在此我就不再赘述了。很多企业都采用了本书前言部分提到的设计思维，有些公司还成立了设计实验室这样的新部门，以提高公司的设计能力。但是，对于另一个流行语——故事，虽然很多人都在说这个词，但我认为大家对它的理解还是比较粗浅模糊。在本章中，我将深入阐述故事的意义和使用方法，这对今后的商业活动至关重要。

回顾过去，故事这个词从几个世纪前就开始使用了。恐怕从人类诞生、文字被创造出来到现在，已经产生了数十亿个、数百亿个故事。莎士比亚、紫式部①、伊坂幸太郎②、东野圭吾③等作者都创作出了许多经典故事。但实际上,创作经典故事有一种成功模式,那便是"序章→渐起→危机→低谷→高潮→解决"的框架。

一般来说,这里面去掉"低谷"后的另外5个环节是最基本的。但我认为,为了更加突出故事的跌宕起伏,加上"低谷"后的6个环节会更好。"低谷"是指"死亡""失败""分别"等。我想你喜欢的电视剧和电影一定也是按照这个框架来展开的。

在第三章中我讲过,打动人心需要"惊喜""共鸣""分享"三个要素,而在称得上名著的作品中,这三个要素也包括在了上面提到的六个环节中。有史以来,人们一直用这个框架来创作故事,而且今天,这个框架似乎也没有过时。如果你立志成为小说家或编剧,请务必参考这个框架。

然后,请大家暂时忘记这个框架。因为商业上所说的故事,

---

① 日本作家,"中古三十六歌仙"之一,代表作《源氏物语》。——译者注

② 日本畅销书作家,擅长以超现实笔法打破推理小说的框架。代表作《金色梦乡》《阳光劫匪》等。——译者注

③ 日本推理小说家。代表作《白夜行》《放学后》《嫌疑人X的献身》等。——译者注

并不是小说或戏剧那样的故事。那么什么才是商业上所说的故事呢？已经有很多商业书籍和网站对商业故事进行了说明，但其中有些内容比较难理解，在此我想花点时间从商业的角度来解读故事。我将忘记小说之类的故事，在本书接下来的内容中，我提到的故事就是指商业故事。

虽然统称为故事，但商业上也有"品牌故事""产品开发故事""营销故事"等不同类别的故事。这些商业中的故事有一个共同点，那就是不像小说那样以阅读为目的，而是为了服务于某种功能，如销售产品或推广服务。因为这些故事主要是作为企业或产品销售的背景来发挥作用的，所以叫作背景故事可能更好理解。

以前有人问我："……所以说是像《X计划》[①]那样的故事吗？"《X计划》中的很多故事都是关于产品开发的故事，所以我们在某种程度上也可以这么说，但不一定非得是那种催人泪下、令人感动、充满戏剧性的故事。

[①] 日本电视节目，由日本广播协会（NHK）在2000年开始制作，到2005年制作全部完成。5年时间收录了上百个事例，这些事例介绍了日本"二战"后的经济重建和企业的发展历程。该节目介绍了诸如新干线的诞生、世界上第一台小型收音机的发明、丰田汽车公司的发动机开发等这些可谓影响日本文明进程的事例。——译者注

> 请记住，商业故事不是以阅读为目的，而是为了激发人们的购买欲。

▶ 故事能激发人的购买欲

我希望大家意识到，故事并不是单纯的故事，而是能激发人购买欲的故事。商品背后的故事会在很大程度上影响消费者的购买欲。举一个例子，请大家阅读下面几个句子，从中选出你最想要的酱油。

- 拥有440年历史的老牌酱油店的酱油。
- 只用白山水系的水，花费1年时间酿造的天然酿造酱油。
- 现代化工厂生产的酱油。

恐怕很少人会选择工厂酱油吧。但实际上，这三种描述对应的都是同一家酱油公司（福井县的室次酱油公司）的产品。也就是说，它们是同样的酱油。然而，对同一个产品不同的描述可以影响消费者的购买欲，这就是故事的力量。

我在某篇网络报道中发现了一则关于故事的很有意思的报

道，在此为大家介绍一下。

这是一个用129美元购买很多便宜的物品，然后在某位作家的帮助下赋予这些作品虚构的背景故事，再将它们卖出去的实验。例如，实验者用99美分购入一个小马形状的装饰品，然后再虚构一个"关于这个装饰品创作者的父亲的故事"或"20世纪70年代，我和一位法国留学生交换小马装饰品的奇妙经历"，之后再将这个装饰品转卖出去。结果，以99美分购入的小马装饰品竟然成功卖出了62.95美元的价格，也就是说价格涨了6258.58%。此外，其他物品也以同样的利润率卖出，整个项目一共获得了将近8000美元的利润。

怎么样？我想大家都直观地感受到了故事的力量。当然，试图通过编造故事来获利的想法是不可取的。但仅仅通过一个虚构的故事，消费者的购买欲就增加了60倍，这也是不争的事实。通过实验者对故事的巧妙运用，产品和服务的销售额确实得到了提高。几乎可以肯定的是，如果使用故事，你的提案也会变得更好。因此，很多企业都想在商业活动中借助故事的力量。

▶ 通过"功能+设计+故事"来引爆销量

"产品因功能而诞生,因设计而创新,因故事而扩散",这是我和设计师滨口秀司聊天时热烈谈论的话题,我觉得这句话也很适合用来说明故事的功能。也就是说,我们通过故事赋予产品或服务一些意义来提升产品或服务的价值,通过语言上的涟漪效应[1]来扩大市场。

滨口秀司当时提到了名为"节拍"[2](Beats by Dr.Dre)的耳机产品,以它为例对故事进行了说明。他说:"我认为现在在美国畅销的'节拍'耳机正是因故事而畅销的。首先,这个牌子的耳机出色的重低音具有很高的功能价值,其次,其设计上的时尚性也很强。再加上一个品牌故事,即它是由德瑞博士[3](Dr. Dre)这个高人气说唱歌手创办的品牌,一下就引爆了销量。高人气歌手创办的用于听音乐的耳机品牌,这是一个很酷的故事。"

我想,"节拍"耳机的成功就是功能加上设计和故事才能引

---

[1] 在描述一个事物造成的影响渐渐扩散的情形,类似物体掉到水面上,所产生的涟漪渐渐扩大的情形。——译者注

[2] 一家美国声乐设备品牌。——译者注

[3] 美国说唱歌手、音乐制作人、演员、商人。原名安德烈·罗梅勒·杨(André Romelle Young)。——译者注

✕ 只有功能

△ 功能+设计

◎ 功能+设计+故事

"功能+设计+故事"才能引爆销量

爆销量的证明。在这个商品多元化的时代，仅仅有功能的东西很难卖出去，只有"功能+设计"才可能成为优秀的产品。再加上故事，该产品就会被赋予尊敬、憧憬、信赖、时代性、帅气等大众渴望的特质，这样就会激发大家去购买这个物品，并带来口口相传的效果。不同的产品和服务需要的故事是不一样的，总之只要有好的故事，产品就会更好卖，也更容易推广。

比起功能和设计，故事的必要性很难被理解。功能和设计确实能使产品本身变得更好，但故事并不能改善产品的品质，甚至连看都看不到。所以故事的重要性很难被理解，为产品赋予故事也无从下手。因此，现实就是故事并不像设计那样深入人心。然而，如果没有故事，产品的价值必定会下降。因此，理解并运用故事的企业和没有故事的企业有很大的差别。本章将尽可能简单地阐述故事的意义和运用方法。如果能处理好故事，你就能提出压倒性的好方案,并开发出强大的业务。如果能从企业层面讲故事,你的公司也可能会成为苹果和戴森那样受人尊敬的公司。

▶ 故事是激发购买欲的魔法

正如本书前言部分所说,我认为掌控演示的人就掌控了商业。

演示并不仅是提案,更是一种能够驾驭从产品开发到企业经营等各种商业活动的技能。从事销售工作的人每天都在做演示,从事管理和人事工作的人从某种意义上讲也是在向员工做演示。创业公司向重要投资人做的推介自不必说,企业的宣传、促销活动等都是面向社会的演示。

由此可见,无论什么样的工作、什么样的时代,只要提高演示技巧,你就一定能给商业活动带来加成效果。此外,如果你能对演示进行深入思考,就不会模仿以往的思维方式或过去的成功案例,而是能够思考本质问题和愿景,这对于产品或服务的开发非常有效。那么,演示和故事又有什么关系呢?

我试着在"生活共鸣图"的基础上加入故事。从一开始⑧中就写着"激发人购买欲的叙述",这个⑧就是故事。从这张图也可以看出,故事的作用在于,从生活、产品的角度出发,从本质问题中催生"激发购买欲的创意"。我认为故事就是将本质问题中产生的创意升级为"激发出大众购买欲的创意"的魔法。

作为一名广告文案撰稿人，我认为广告语也可以说是一种"故事"。例如"想做就做"（Just do it）、"星期五是买酒的日子""唯一吸力不变的吸尘器""回忆最珍贵"等广告语。各种广告语在过去为一些足以改变时代的热门产品吸引了很多关注，它们不是单纯的金句，而是能让消费者买单的魔法。

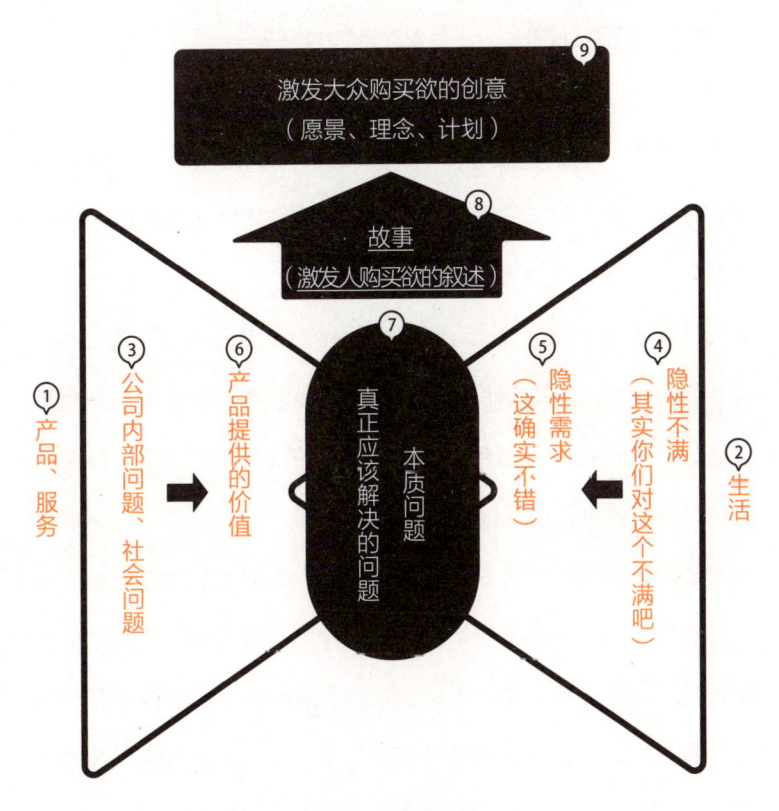

⑨ 激发大众购买欲的创意
（愿景、理念、计划）

⑧ 故事
（激发人购买欲的叙述）

① 产品、服务
③ 公司内部问题、社会问题
⑥ 产品提供的价值
⑦ 真正应该解决的问题 本质问题
⑤ 隐性需求（这确实不错）
④ 隐性不满（其实你们对这个不满吧）
② 生活

生活共鸣图+故事

但是，在过去的几十年里，企业投资做广告便能促进产品在大众市场上畅销的现象已被打破，故事也有了新的使用方式，那就是需要被嵌入产品中。换句话说，我们与其通过广告和宣传在已经生产完成的产品中加入故事，不如在产品生产之初就开始思考故事，以此创造能激起大众购买欲的产品和服务。

▶ 故事还可以创造大众想要的产品

实际上，目前为止本书介绍的几种产品或服务，都包含着故事（能激发人购买欲的故事）。无论是"不噼噼啪啪的温暖针织衫""花丸乌冬面的健康保险证优惠券"，还是"#我的吉野家"，都是因为蕴含着让人想要的故事，才成为热门话题，在社会上传播开来的。正如我在第四章中所说，"超值星期五"也是因为包括了"每个月最后一个星期五下午3点下班"这一伴随着明确行为的故事，而得以迅速推广。

之前介绍的"节拍"耳机也是如此，只要是蕴含着能激发人购买欲的故事的产品（包括功能、设计、命名等），也就是能消除人们的隐性不满、满足人们的隐性需求的产品，即使该企业不花钱做广告，产品也能得到广泛推广。而且，与功能相比，故事具有更持久的生命力，因此可以催生出长期令人喜爱的长尾产品。

就这样，故事的影响范围扩展到了产品和服务的开发，其重要性也越来越高。对于未来的企业而言，故事会越来越多地被用于企划、开发和提案中。

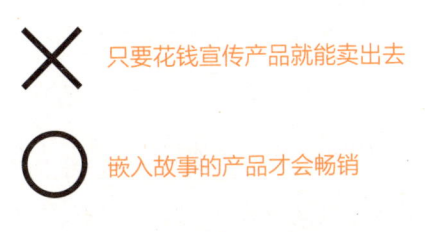

✕ 只要花钱宣传产品就能卖出去

○ 嵌入故事的产品才会畅销

现在是故事创造大市场的时代

故事会从各方面为产品的销量做贡献。实际上，它对企业赢得社会尊重、激发员工干劲也有积极作用。大家都知道，新时代的商业活动只靠销售是行不通的。社群运营、在社交平台发布信息、在可持续发展目标等方面的努力，以及对志愿者的支持等也是企业的重要职责。同时，对员工的关怀和激励也是提升企业品牌形象，提高企业价值的重要因素。

我在星巴克公司的例子中也提到过，如今，大众对企业的尊重会反映在销售额上。换言之，切实做好销售以外的工作，才能进一步提高企业的销售额。因此，我认为在产品开发和销售以外的各个环节也应该运用故事，开展更能引起大众共鸣的企业活动。

不过，有一点需要注意，那就是不能说谎，也不能夸大其词。企业想用故事来加强宣传效果的时候，往往会不自觉地添油加醋或者撒谎，这对品牌来说是致命伤。好故事具有强大的扩散力，而坏故事的扩散力更是远超好故事。艺人的丑闻和企业的负面新闻等很快就会传播开来，这正是负面故事强大扩散能力的证明。

与过去的"谣言难过月，过月无人传"不同，负面新闻在网络中很容易被长期保存。因此，在运用故事的时候，重要的是我们要把大众真正期待的内容如实地传达出去。为此，我们应该以生活共鸣图为基础，真诚地面对人们的不满和想法，创造出对企业和大众都诚实的内容并传达给他们。

▶ 可以通过三种好奇心来判断是否是故事

要想让演示获得真正的成功，不仅要将演示内容传达给你面前的演示目标，还必须让你的领导、利益相关者和市场目标群体产生共鸣。这是一件非常困难的事，但其实，只要你有故事，就能将想传达的内容传达给遥远的人。因为故事会发挥作用，让商品被人记住、被人需要、被人谈论，有趣的故事也会在口口相传中被大家记住。当然，不是所有的故事都能起作用。故事只有跨过了打动人心这一门槛，才能发挥力量。

所谓打动人心的门槛，就是是否能让人产生"想知道""想要""想谈论"这样的好奇心。如果能激发起他人的这三种好奇心，毫无疑问，这一定是一个打动人心的故事。这三点在"惊喜""共鸣""分享"这三大打动人心的要素中也有提到，也作为制定理念的重要因素进行了介绍。也就是说，只要你意识到这三点，你就不难想出打动人心的创意，为此请务必记住它们。

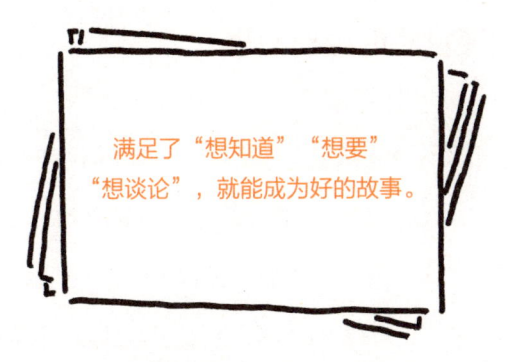

> 满足了"想知道""想要""想谈论"，就能成为好的故事。

顺便说一下关于故事的常见错误。最近有一家企业向我咨询："请你评价一下我们公司官网主页上的故事。"我一看，上面只有一张消费者使用产品的照片，并配上日记般的感性随笔，并不会让人产生"想知道""想要""想谈论"的好奇心。也就是说，那里只有句子，没有故事。

很多公司只是将一篇随笔或小说添加到产品中，把它作为故事来运用。这样的话，大众只会把它看作好的读物，但不会因此想要产品。当然，如果想要长篇文章也可以，但其内容必须加入"想知道""想要""想谈论"的激发大众好奇心的要素。

因此，如果你想创作一个故事，请先考虑激发这三种好奇心的要素。在此基础上再稍微后退一点,从生活共鸣图中发现本质问题。虽然顺序倒过来了,但这样仍然会创作出足够吸引人的故事。

▶ 了解改变世界的经典故事

那么,请允许我谈谈迄今为止世界上诞生的经典故事吧。

圣诞老人可以说是经典故事之一。在特别的日子里,白胡子老爷爷乘着驯鹿雪橇飞上天空,为孩子们送上礼物。这个梦幻的故事引起了孩子和大人的共鸣,激发了全世界人民的三种好奇心。圣诞老人的故事让全世界的人相信,并蔓延成为巨大的商业市场。

此外,法国的厨具品牌酷彩(Le Creuset)据说是因为"装饰在餐桌上的时尚家具"的故事才开始在日本大卖的。当时正值日本女性开始装点生活的时代,酷彩以厨具不时尚的隐性不满为基础,将其升华为"为了向他人展示而买锅"的新颖故事。当然,用好锅做的菜和五颜六色的锅创造的生活方式对人们有很大的吸引力,但酷彩无疑创造了一个好故事,它敏锐地捕捉到了日本女性的隐性需求,并勾起了她们的好奇心。

以上经典故事,每一个都是新颖的,而且都反映了人们当时的不满，因而激发了人们的好奇心，引起了人们的强烈共鸣，促进了人们的行动。如果你也想讲一个好故事，首先，请着眼于不满和需求。其次，请关注三种好奇心。这样就能创作出一个打动人心的好故事。

▶ 如何创作故事

我已经详细地讲了故事，但是忽略了一个很重要的问题，那就是如何创作故事。至此，我们已经了解了故事的定义（激发人购买欲的叙述），以及它的作用（通过"功能+设计+故事"引爆销量）。此外，我还讲了如何识别一个好故事（关键在于能否激发起人们的三种好奇心），但我还没有讲如何创作故事。

要想将故事作为企划和提案的武器，你必须自己创作故事，为此当然需要知道如何创作故事。但突然让你创作故事，想必你也不知道该从何着手。其实，我也是这样的。因此，我想试着思考一下是否有能简单地创作故事的故事公式。

故事内容需要包括：①从解决不满和产品价值的本质问题中激发人们购买欲的内容；②能够激发人们"想知道""想要""想谈论"这三种好奇心的内容。在此基础上，思考故事的创作方法时，我关注的是畅想激动人心的未来。

当然，这是定义愿景时使用的说法。我们以生活共鸣图为基础，畅想激动人心的未来，就能创造出面向未来、打动人心的故事。这样讲稍微有些复杂，用一个简单易懂的公式来表达就是：

> **故事公式**
> 解决不满×产品价值×激动人心的未来＝故事

这就是故事公式。从这个公式中诞生的故事原本就是为了激动人心而被创作出来的，因此足以打动人心。此外，为了使故事的功能更强大，有必要确认上文所讲的②，即这个故事是否能激发人们的三种好奇心。我们只要明确了这一点，就一定能创作出有效果的故事。

几年前，因为广告的流行，"莱札谱①"（RIZAP）一跃成为知名品牌。很多人被该品牌的广告打动，是因为它不仅解决了现有问题，还让人看到了激动人心的未来愿景。

故事要能够激发人的购买欲，而要有购买欲，最重要的是要让人兴奋。而要让人兴奋，就不能只把负面影响归零，还需要把负面影响变成正面影响。因此，"问题→未来"的表述也是打动

---

① 日本健康集团有限公司（Kenkou Corporation, Inc）旗下的子品牌，主要以塑身、减肥、美体事业为主。——译者注

第五章　强化传达和销售

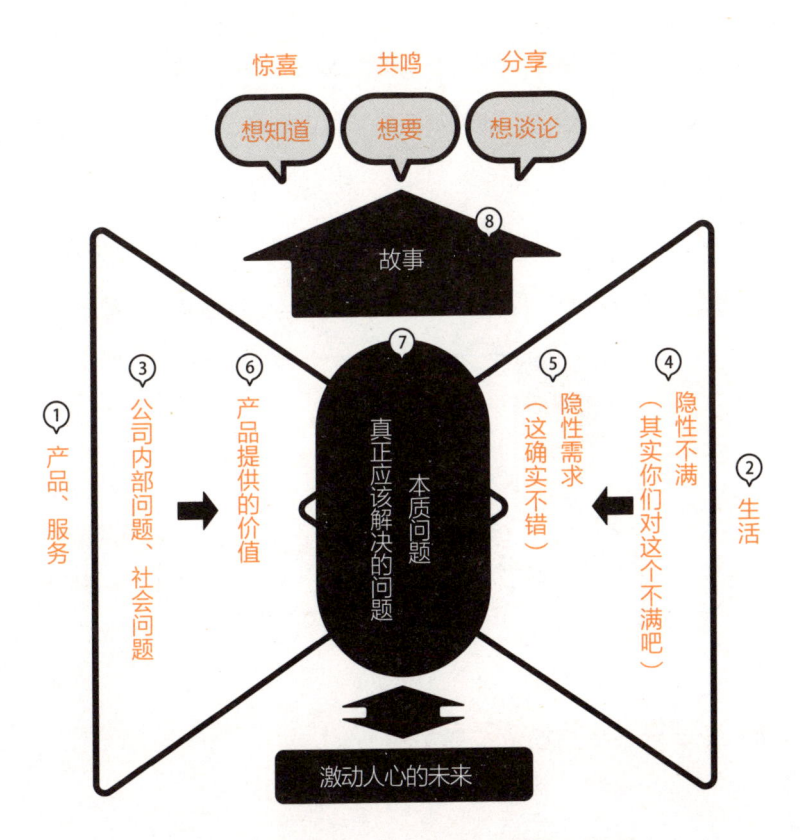

```
        惊喜      共鸣      分享
       想知道    想要    想谈论

                  故事 ⑧

    ③            ⑦           ⑤      ④
①  公司内部   ⑥          真正应        隐性需求   隐性不满   ②
产  问题、   产品提供   该解决       （这确实   （其实你们  生
品  社会问题  的价值    的问题        不错）    对这个不   活
服                    本质问题                满吧）
务

              激动人心的未来
```

解决不满 × 产品价值 × 激动人心的未来 = 故事

人心的力量。

　　三得利公司的伊右卫门[①]已经成为一个长年畅销的品牌，因为它的口味减少了人们对厂家生产的茶不好喝的不满，同时它还

---

① 三得利旗下的一款绿茶饮料。——译者注

拥有"京都老字号茶"这一特别的附加值。如果企业只是宣传这是匠人认真制作的茶，那就只消除了负面影响，一定不会像现在这样畅销。

在减少不满的基础上，探索让人们更加兴奋的愿景是什么？这就是思考故事的过程。请大家务必参照这个过程来创作故事。

> 要想创作出强大的故事，就不能只把负面影响归零，而要创造一个"兴奋点"，把负面影响变成正面影响。

▶ 故事在新时代的重要性

2018年，星巴克公司公布了一项计划："到2020年年底，星巴克公司将在全球所有门店停止提供一次性塑料吸管。"这意味着星巴克公司每年将减少使用10亿根塑料吸管。另外，星巴克公司还表示将以此为契机继续追求可持续的咖啡业务，并更积极地致力于实现可持续发展目标。星巴克公司冒着销售额下降的风险也要将可持续发展付诸实际行动，这种态度着实令人佩服。但是，我想要关注的其实并不是星巴克公司的这种企业态度，而是星巴克公司当时宣布停止提供一次性塑料吸管后销售额有所提高这一现象。

当时,星巴克公司还没有做到在所有门店均停止提供一次性塑料吸管。尽管如此,销售额还是提高了,说明这个为取缔一次性塑料吸管而努力的故事让大众兴奋,激发了大家的购买欲。可以说,是故事刺激了市场,而不是产品本身。

此外,《爱乐活》[①](I LOHAS)广告的热播也离不开面向时代的故事。这个"I LOHAS"从其名字中含有"乐活[②]"(LOHAS)就可以看出,这是一款注重环境和健康的产品,该产品致力于"瓶到瓶"(bottle to bottle),即塑料瓶循环利用,此外还为了减少生活垃圾以及运送过程中的碳排放,将瓶子换成了压缩的轻量瓶。企业将这些作为故事,通过广告和公关手段宣传出去,让乐活品牌从矿泉水品牌中脱颖而出。

上述两个例子充分证明,描绘环保等新价值的故事,不仅能获得大众的强烈认可,还能带动产品的销售。

欧布斯(Allbirds)已经成为世界领先的运动鞋品牌之一,它也是借助故事在激烈的市场竞争中站稳脚跟的一个绝佳例子。

---

① 日本一款矿泉水广告。——译者注
② 乐活主义。——译者注

欧布斯是最早将可持续发展作为设计哲学的公司之一，它所描述的故事是从环境、社会和经济三个方面来创造一个可持续发展的社会。这种态度为该品牌赢得了年轻一代自然爱好者的压倒性支持，使其在厌倦了过度设计和功能竞争的运动鞋行业中脱颖而出。我认为，在新时代，这种用哲学和思想解决新问题的愿景和故事，才会成为打动人心、销售产品的力量。

正如品牌管理大师戴维·阿克在其著作《品牌标签故事》（*Creating Signature Stories*）中所提到的那样，在今后的时代，不仅是产品，企业的品牌传播也与故事有关。从欧布斯、星巴克等企业的例子中可以看出，故事不仅是对产品和服务的尊重，也是对创造它们的品牌的尊重，它有助于提升企业价值。在现在这样一个对企业和品牌的尊重直接反映在销量上的时代，故事的开发和传播尤为重要。

那么，什么样的故事才能够提升品牌价值呢？对此，戴维·阿克的回答非常明确："品牌和产品都应该通过故事与用户进行互动，良好互动的核心就是打动人心的故事（有代表性的故事）。"

这么说或许有些过时，但在商业活动中打动人心的确是最重要的。我在本书中也多次提及打动人心的问题，即使是戴维·阿克，最终得出的结论也是要面向他人，思考如何打动人心。这对以生活为基础，以打动人心为目标的我们而言，也是极大的鼓舞。

▶ **故事的要素**

到目前为止，我已经举了几个例子来说明故事的创作方法，但实际创作故事的时候，有时会发现很难写出打动人心的故事。这种时候，只要在故事中嵌入某些要素，故事就会更加打动人心。接下来我就谈一下故事的要素。

我把这些要素称为"共鸣标签"。简单来说，共鸣标签就是催生"感→动"的语言。更进一步说，共鸣标签就是激发人们"惊喜（想知道）""共鸣（想要)""分享（想谈论）"这三种好奇心的语言。其实，在故事中嵌入共鸣标签的方法很简单，只要试着把老套的语言变成让人感兴趣的语言，让人产生"想知道""想要""想谈论"的欲望就可以了。没必要想得太复杂，只要有意识地换一种更能引起他人兴趣的说法，这样就好了。

生活中我们总是会被那些自己感兴趣的语言打动，如果把"长年在用的酱汁"的说法换成"100年前就已在使用的秘制酱汁"，人们就会更感兴趣。如果把"很畅销的化妆品"换成"1秒卖出1瓶的化妆品"，大众就会不自觉地想把这个化妆品分享给他人。世界上有很多带有共鸣标签的故事，这些故事每天都在打动着我们的心，所以在城市中寻找共鸣标签也是另一种练习故事创作的方式。

寻找打动人心的"共鸣标签"!

在上文中我说过,广告语也是一种故事,这是因为广告语中也加入了共鸣标签。例如,"吸力不变的吸尘器(戴森公司)"中嵌入了"想知道"的标签,而"在地图上留下印记的工作(大成建设公司)"则嵌入了能勾起职场人的自豪感并让人"想谈论"的标签。我最喜欢的口号是日本政府于20世纪60年代实施的"国民收入倍增计划","收入倍增"这个梦幻般的共鸣标签,一次性激发了人们三种好奇心。如果只是说"收入增加计划"或"增加收入改革"的话,恐怕很难打动人心。正是因为以"收入倍增"这一具体的说法为起点,想象着未来充满期待的生活(愿景),人们才会更加努力工作、疯狂购物。

共鸣标签是能让人产生"想知道""想要""想谈论"的欲望的语言,它能给人留下深刻印象,打动人心。因此,寻找那些与真实生活、人们的真情实感有关的语言,如兴奋、自豪、渴望、喜爱、欣喜、沮丧、不舍……就是寻找共鸣标签。换句话说,不能是普通的语言,必须是能打动人心的语言。为此,请寻找合适的语言,认真思考"怎么说才会让人感到惊喜、产生共鸣、想和他人分享"。

当然,如果你一开始找不到共鸣标签,也没关系。共鸣标签不像烹饪食材一样摆在超市的货架上任君挑选,也不是花钱就能买到。你必须努力寻找,直到发现它们为止。但是,一旦做出了带有共鸣标签的企划或提案,就会在很大程度上让人们行动起来。所以无论如何,请你把以前随意使用的一般语言换成能让人产生"想知道""想要""想谈论"的欲望的语言。这样一来,就会比现在更能打动人心。

> 打动人心的共鸣标签就在人的真情实感中。

▶ 如何寻找共鸣标签

现在，我们已经有了共鸣标签的意识，并知道了如何将它们嵌入故事中。那么哪些词语才能成为共鸣标签呢？想必大家都很在意这个吧。接下来，我想分享一下如何寻找共鸣标签。

正如我在第五章的开头所说，你需要明白，同样的事情换一种说法可能就会打动人心。即使是一个杂乱无章的项目，如果被描述为"灵活的项目"，也会让人感觉更积极。之前讲过的"100年前就已在使用的秘制酱汁"和"1秒卖出1瓶的化妆品"也是如此。只要你换一种说法，就能创作出激发人购买欲的故事。

添加共鸣标签的过程，也可以说是寻找打动人心的语言的过程。其实，只要你找到能打动人心的语言，将其添加到普通的创意中，就能戏剧性地打动人心，使之成为独特的创意。一旦你掌握了共鸣标签的思维方式，在思考如何让商业活动变得更有趣时以及制作广告或项目信息时，就能选择更能让对方产生共鸣的语言。

接下来，我将列举几个要点来说明什么样的语言可以成为共鸣标签。首先，摆事实，一个不为人所知的事实是最强烈的共鸣标签。例如，如果听到"这是每年吃4000个冰激凌的人选出来的冰激凌"，你一定会产生极大的兴趣；如果听到"被评为一等奖的啤酒"，你就会产生想喝一次的愿望。因此，在思考故事时，你应该尝试将事实作为共鸣标签。

其次，拿出更具体的行动。例如，"下午3点下班"比"早回家"更能打动人。2018年北海道胆振地方中东部地震时，政府倡议节约用电的海报上没有写"请节约用电"，而是提出了更具体的行动"请拔掉三个插头"，这让很多人都加入了节约用电的队伍中。不要发出模棱两可的请求，具体的建议才能让故事更有说服力。

此外，让人产生"渴望"的语言也很重要。比起"收入增加"，人们更渴望"收入倍增"。还有，使用数字也能增加真实感，满足人们想了解的欲望。"100年"比"长年"，"1秒卖出一瓶"比"很多"听起来更厉害，它们也让故事更具说服力。

最后，比较也很重要。比起"我很想住在神奈川"，"在所有都道府县中，我最想住在神奈川"更能引起他人的兴趣，被接受度也更高。而且，如果比较中有第三方的推荐，故事性会更强。例如，万志啤酒的宣传口号是"获得特别金奖的啤酒"，它能引起人们的强烈兴趣，不是因为它"很好喝"，而是因为荣获了蒙特奖特别金奖，也就是获得了来自第三方的推荐。在我看来，正是因为有比较后推荐的强烈共鸣标签，它才备受关注，引得人们争相购买。

这里列举的一些要点只是思考如何寻找共鸣标签的一个例子，但你可以从这些要点出发去思考共鸣标签，并将它们嵌入故事中。我想，这样一定能获得更打动人心、更广泛传播的创意。

▶ 探索进一步增强共鸣的方法

前面我已经介绍了寻找共鸣标签的几个要点，在此我还想再说两个。这是我经过多年对共鸣标签的思考后发现的，为增强共鸣标签所必需的两个视角——体验和体感。这两个视角在演示等需要共鸣和说服力的场合会很有效，请务必牢记。

那么，让我们从第一个视角——体验说起吧。请先阅读下面两句话，想一想哪一句让你印象更深刻。

（1）"最近东京新建了很多大楼。"

（2）"前几天，我在丰洲①附近走了两小时，东京的新城区新建了很多大楼啊。"

我想大多数人都会选择第二句吧。理由是第一句是一般的说法，而第二句是人的实际体验。这种场景下的共鸣标签使用了"走了两小时"这个具体数字，讲述真实的体验更容易给人留下

---

① 位于日本东京都江东区。——译者注

印象，从而让人产生果真如此的共鸣。而且，如果这一实际体验是与对方的共同体验，共鸣度就会更高。比如，在向社长做演示时说"前几天我和社长看到的那个……"这样就能让对方瞬间回想起和你共同经历过的事情，这会让你的话语更具说服力。如果你很幸运地发现自己和对方是同乡，就可以问"你知道那家老餐厅吗"，这样的对话也能拉近和对方之间的距离。

即使不是这样的个人体验，我们通过世代或时代的共同体验，也能找到强烈的共鸣标签。此外，流行的歌曲、事物、电视剧中的某个场景等，也能成为强烈的共鸣标签。

将普通的语言转换成与真实体验、记忆相关的语言，就能作为共鸣标签强烈地打动人心。因此，想创作好故事的时候，除了上文提到的五个要点之外，加入实际体验也很重要。只要你把提案和企划中的一般表述换成实际体验，就能使之成为好故事，这样有助于传达想法。做演示时请大家一定要仔细阅读手中的会议资料和演示文件，试着替换其中的语言。只有激发起他人"想知道""想要""想谈论"的欲望的故事，才最能打动人心。

▶ 体感记忆是极强的共鸣标签

引起强烈共鸣的最后一个要点是体感。就像看到一张看起来很美味的拉面图片会流口水，靠近一个可怕的地方皮肤会发痒一样，我们的大脑有深刻的体感记忆，甚至听到相关的语言也会唤起这些记忆。体感还包括味觉和嗅觉，身体对温度和湿度、光线和声音的感觉，以及爱和渴望等感情，这些都是强烈的共鸣标签，光是听到这些话语就能打动人心。与体验相比，体感给人带来的情感波动更大，更有直击心灵的效果，是极强的共鸣标签。因此，只要我们能唤起体感记忆，就能创造出极具说服力的故事。

只要我们有能刺激体感记忆的共鸣标签，无论什么样的内容，都能打动人心，并像涡轮发动机一般，让想传达的内容以惊人的速度扩散开来。

寻找（制造）共鸣标签的要点
1. 摆事实。
2. 拿出更具体的行动。
3. 让人产生"渴望"的语言。
4. 使用数字。
5. 比较（可以的话，最好有第三方的推荐）。
6. 讲述实际体验。
7. 运用体感记忆。

吉卜力工作室[①]就大量使用体感记忆作为共鸣标签。动画电影《龙猫》中出现的下雨的场景、河流的场景、吃蔬菜的场景等，

---

① 一家日本动画工作室，成立于1985年。——译者注

生动地唤起了人们记忆中的声音、寒冷、味道等,强烈地勾起了人们"啊,好怀念啊""那时候真好"的感觉。对年轻一代来说,动画中的场景虽然不是自己的真实回忆,却会感到怀念。恰恰是那些画面中闪耀的体感共鸣标签激发着人的本能,简直妙哉。不过,仅仅佩服是不够的。我们应该从吉卜力工作室的动画中学习的,是将记忆和经验中隐藏的体感提取出来并加以呈现的能力。

每个人都有体感记忆,当然,产品和服务中也隐藏着体感记忆。因此,探寻产品独特的体感记忆,将其作为共鸣标签嵌入故事中,就会引起他人的共鸣。

▶ 共鸣标签就在身边

当然,我并不是说要在企划书中加入这些像电影一样的场景,也不是说应该谈论疼痛、恐惧等体感记忆,这是对故事的误解。相反,如果使用能够与体感相结合、唤醒人五感的语言,就能强烈打动他人的心。

实际上,自动售卖机上写的"哇,好暖"这句话也使用了体感记忆这种共鸣标签。如果只写"温热",虽然能传达信息,却不能成为唤醒五感的体感记忆。看到"哇,好暖",过去说这句话时的场景就会重现，能让人更真切地感受到温暖，并强烈地想要。同理，"好吃"和"好好吃"虽然只有一字之差，但作为共鸣标签却是截然不同的两个词。前者只是一般性陈述，而后者更能体现吃过的人的真实感受，所以可以成为唤起体感记忆的共鸣标签。

十几年前，在万志啤酒的活动（每个人都可以通过贴纸获得礼物）中，我曾做过一个名为"一定能拿到礼物的促销活动"的提案。在此之前，其他公司使用的是"必定能拿到礼物的促销活动"。"一定"和"必定"虽然只有细微的差别，但带来的结果却大不相同。

那是因为"一定能拿到"比较口语，说起来更顺口，说这句话的时候人的体感也很舒服，而"必定"这个词有点书面语，让人不想说。可见，一句话说起来是否顺口，就能决定它是否能打动人心。哪怕只是一个微小的变化，就能让你发现强有力的共鸣标签，并最终使之成为极具说服力的故事，促进产品的销售。

因此，我有一个请求。在制定企划、提案、愿景和理念的时候，请反复斟酌这个内容是否带有共鸣标签，想清楚这一点，应该就能做出故事性强的出色演示。

▶ 了解新型故事——叙事

前面我已经围绕故事这个主题，对其重要性和创作方法进行了说明。然而，事实上，还有很多人在寻找故事的替代品。

可以替代的想法之一就是叙事。这个词有叙述的含义，它是指用户不再作为观众和消费者来被动接受，而是作为传播者和主体者来积极讲述，并采取行动。可以这样理解，故事主要是企业方面提出的价值主张，有助于让用户想要，而叙事主要是提高用户的兴趣，有助于增加和扩散话题。在社交网络时代，能够发挥作用的恰恰是叙事。

例如，"首次使用世界顶级的瑞士镜头的相机"这样的信息，它是由企业发出的，并且有价值，所以是故事。而"这台相机让你绝不错过孩子在运动会上的每一个精彩镜头"，类似这样会在社群内引起热烈讨论的素材，就是叙事。而且我认为，如果是能在居酒屋成为话题的素材，就是更精彩的叙事。如果想成是居酒屋里发生的对话，那妈妈们会更愿意谈论"不让你错过孩子笑容的快照功能"而不是"最新的快照功能"。要想在某个兴趣社群内成为话题，当然需要相应的深度知识和其他人不知道的信息。但它们最好也是比较接地气的内容，可以在居酒屋这样较为嘈杂的环境中作为聊天的素材。这样一想就会明白，广告中发布的企业口号和宣传语并不能构成叙事。但是反过来，如果能理解这一点，就能把企业想表达的内容变成可以在居酒屋谈论的话题。所以在现在这个时代，在社群内成为话题的素材，也能由企业叙事性地表达出来。

> 请记住，叙事是在居酒屋聊天的素材。

前些天，一家餐厅的老板跟我说："现在，同一家咖啡店里既有想喝美味咖啡的人，也有想拍好看照片的人和只想坐着发呆的人等。因此，分别为这些人准备多个限定版叙事，开店就会成功。"我对叙事已经进入实际商业活动并被灵活运用这件事感到有些惊讶，但我当时意识到，叙事不一定非要用语言。叙事就是素材，所以它也可以是"那里很适合远程工作""那家店的甜点看起来很好吃"等体验和感觉。总之，只要这个叙事能够打动店内顾客的心，并成为他们愿意谈论的素材就可以了。多准备几个这样的素材，就一定能打动很多人的心，成为一家受欢迎的店。

正如我在前文中所说，很多现代商业活动都以小型社群或社交网络为基础。因此，在每个社群中投放一个能广泛传播，且让聊天气氛高涨的叙事会很有效果。更进一步说，我认为现代商业社会，针对目标群体投放多少有效的叙事，与产品的话题度和销售额密切相关。而且，现在是谁都想采取主动的时代，比起企业强加的故事，叙事更有效果。

也许有人会担心，现在出现了叙事这个新词，那之前对故事的研究又该如何呢？没有关系，可以把前面讲过的故事的创作方式和共鸣标签的思维方式都应用到叙事中。这样说来，大家可能会对"今后的时代，人们都应该使用叙事吗"抱有疑问，其实不然。正如戴维·阿克在他的书中提到的那样，"故事归根结底是为了与用户互动，所以以用户为主体的叙事也是其中一种手法"。也就是说，叙事是故事的一种手法，两者都很重要。

我的结论也是一样，只要能打动人心，用哪个都可以。说到底，还是要根据实际情况，选择更打动人心的方式。比如在产品推广上，对于短期内引起社群话题，叙事有优势；但对于长期的品牌推广，恐怕故事更有优势。因此，没有任何一方被淘汰，故事今后也将继续成为企业活动中的重要内容之一。

回顾从过去到现在的案例，畅销的东西、广为流传的东西、受人追捧的东西，其背后一定与故事有关。这并不奇怪，因为要推动业务，你需要打动人心，而故事就是驱动力。只是，随着时代的进步，媒体和生活也在进步，所以故事也需要进步，而其进步形式之一就是叙事。

有一点不能弄错,那就是我们的判断标准不是哪个更新,而是哪个更能打动人心。在商业活动中,必须分清"故事"和"叙事"哪一个更能强烈地打动人心。

> 在这个兴趣爱好多样化的时代,只有提供多样化的叙事才能打动人心。

▶ 那个故事现在还能打动人心吗

一个持续成功的品牌一定会有打动无数人内心的强大故事。在这个故事中,有许多强有力的共鸣标签在发挥作用,它们超越了时间,持续打动着大家的心。

例如,路易威登(Louis Vuitton)品牌的故事中也有强烈的共鸣标签。"原本就是旅行包制造商,所以能制造出不易损坏的轻便包",这句话的背景是,当时人们对乘船旅行时被粗暴对待不满,以及对笨重旅行包不满。为减少这样的不满,路易威登品牌生产的包具有不易损坏和轻便的优点。在此基础上,再加上各种

"名人喜爱"的传说般的共鸣标签，路易威登的品牌故事成为世界上的经典故事之一。直到现在，这一故事仍在发挥作用，帮助企业在世界范围内销售价格不菲的包。

不过，迄今为止，几乎所有成功的品牌都会将自己的故事呈现给大众。换句话说，这是一种经典的方法，即企业方准备好一个故事，反复使用，通过各个平台传达该故事。

正如戴维·阿克所解释的那样："故事的意义重大。随着故事的不断被讲述和提及，其真实性、吸引力、影响力都在不断增加，最终会推动销量、利润和市场地位等成果指标的上升。"迄今为止，创造出辉煌品牌的故事的思维方式，基本都是以企业反复使用同一个故事，以提高大众的购买欲为前提的。

故事	叙事
由企业发声	能在社群内成为话题的素材
一个故事	多个
反复使用	在适当的时机使用
提高购买欲	提高购买欲

故事和叙事的区别是？

与之相对，对于上文提到的叙事，我的定义是"在合适的时机，使用多个能够在社群内成为话题的素材，从而提高大众的购买欲"。

故事：企业反复使用同一个故事，以提高大众的购买欲。

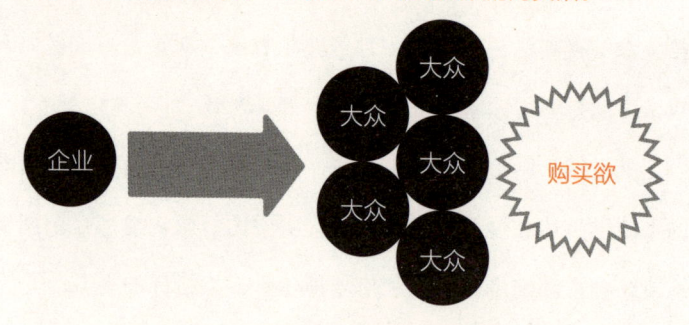

叙事：在适当的时机，使用多个能在社群内成为话题的素材，以提高大众的购买欲。

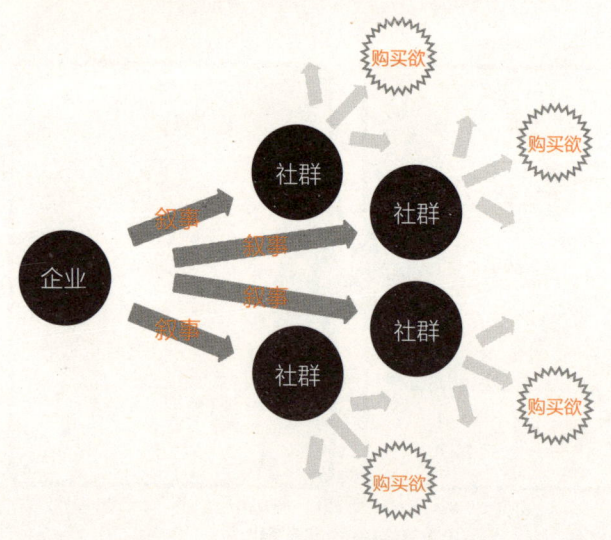

就拿上文相机的例子来说，在运动会期间，以育儿社群为目标，投放很多为孩子拍的可爱的照片作为素材，引起大家的兴趣，增加关注度，提高大家购买相机的欲望，这就是叙事的用法。如果能结合功能和技术，提出把自己孩子以外的事物模糊化的拍摄方法，或者把跑步时的姿态拍得很酷的方法……必然会打动很多父母的心，这款相机的销量也会增加。

就像这样，企业一般会准备多个叙事，只要其中一个成功，这个话题就会迅速扩散，在想拍摄孩子运动会的父母群体中传播开来。而且这样做热度高，不用投入太多资金就能达到很好的推广效果。所以在社交网络时代，很多企业都适用这个方法。

另外，就像上文列举的成功案例一样，无论时代如何变化，都会涌现强烈打动人心的故事，而这些故事有着惊人的影响力，可以持续多年。因此，还是要分别了解故事和叙事的优点，随机应变地选择使用，这样是最好的。

▶ 通过新媒体传播故事

在此，我们暂且回到现有故事的效果上来，我想介绍两个好故事的例子。一个是开在日本东京吉祥寺的牛肉汉堡餐厅"肉末和米"，另一个位于日本东京池袋，以压倒性的优势吸引了很多顾客的"天狼院"书店。

"肉末和米"是我的创意公司Pool Inc.进行理念开发并参与经营的汉堡店，这家店开业后，很快就成为需要排队的人气店。

这家店的理念是"三现"，即"现绞和牛、现烤汉堡、现煮米饭"。我们以生活共鸣图为依据，发现了大家对汉堡的真实想法，即"不是现做的汉堡不好吃""很少有汉堡店用现烤汉堡"等不满，以及"想把汉堡放在刚煮好的米饭上，米饭就着肉汁一起吃"等迫切需求，从而制定了满足这些需求的理念。

实际上，店里从柜台的设计到锅的摆放，再到肉的采购，都忠实于这个理念。每天早上在店里把肉绞好（现绞），在顾客面前的炭火烤架上烤汉堡（现烤），然后用几秒的时间从烤架送到顾客碗里（现烤），用4个锅每隔20分钟煮一次饭（现煮），以此为顾客带来独特的用餐体验。此外，我们还充分利用社交网络，在照片墙和抖音国际版上投放了极具"体感记忆"的图片，即刚刚煮好的米饭和盛满肉汁的汉堡（见下图）。当然，餐饮店要受追捧，大前提是比其他地方好吃。但除此之外，还有不可动摇的理念和打动人心的故事，以及它们的推广方式等。

第五章 强化传达和销售

"肉末和米"

一般来说，故事一传开，很多人就会在谈论这个故事的同时各自讲述自己的体会。但这次有趣的是，顾客纷纷拍摄和上图视觉效果相同的图片并在社交平台上传播，使得来店里的顾客爆炸式地增加，从而形成了一股模仿热潮，就像人们扮演（cosplay）自己憧憬的角色一样。可以说，这正是社交网络时代的新传播方式。顺便说一下，从"肉末和米"的这张美食图片来看，几乎只呈现了一种视觉效果，所以从某种意义上来讲，可以说是经典的故事呈现形式。也可以说这是故事的叙事化，这或许才是未来时代需要的一种故事思路。为此，我认为有必要将照片墙和抖音国际版上传的图像定义为故事。

接下来我再为大家介绍另一个厉害的故事，那就是位于东京池袋的"天狼院"书店的秘本，我认为这个秘本是小故事的完美范例。让人着迷的秘本的故事，就在于"书名是秘密，不能退货，请不要告诉别人"的规则。秘本被放在黑色的包装袋里。在这个人人都可以在社交网络上自由发言的时代，秘本却反其道而行之，创造了一个不自由的规则，给人一种很神秘的感觉。有意思的是，这通过社交网络成为热门话题，虽然书店规模很小，却产生了强大的信息传播力。

"天狼院"书店敢于把现代人什么都能说，什么都能做的自由看成是一种不满，反过来做了这个秘本的企划，实现人们心中想窥探秘密的愿望。而且，该企划巧妙地戳中了人们想说却又不能说，欲说还休的隐秘心情。这是秘密，不能说出来……这样的限制打动着大家的心，无论过多少年都不会失去价值。所以，"天狼院"书店的秘本企划是一个非常成功的小故事。而且，它的传播方式也很棒。它不急不躁，稳扎稳打地圈粉。店家没有刻意使用社交网络，而是立足于书店，让书店周围的人享受并传播这个故事，就像秘密结社一样。这是一个与大企业的风格完全相反的精彩故事。

通过以上两个故事的案例，我想大家应该了解了，在现在这个时代什么才是重要的。首先，我们不要想一下子打动很多人，要始终配合对方（客户或大众）的心理节奏。其次，我们要抱着"如果你喜欢就请加入"的想法，鼓励他人自发行动。不要勉强

位于东京池袋的"天狼院"书店的秘本

他人，而是把故事传播出去，和他人成为伙伴。只有重视这两点，才能成为经久不衰的品牌。

真正的好故事，一定是非常温柔、真挚，可以一直传承下去的故事。而且其中的共鸣标签也不是以往大企业所追求的速度和力量，而是使用者和团体所期望的脚踏实地的东西。

▶ **故事的进阶——循环故事**

至此，我就故事和叙事进行了深入讨论。但此刻，我想回归源头思维,"到底为什么需要故事?"这个疑问突然出现在我的脑海中。当然,正如前文所述,故事和叙事都是激发人购买欲的内容。那么再退一步来说,"企业到底为什么需要激发人购买欲的内容呢",这样一想,就有了一个答案。因为企业仅靠产品本身很难激发出大众的好奇心和购买欲。但是我又想,像前面提到过的"节拍"耳机、不噼噼啪啪的温暖针织衫、"超值星期五"那样,把吸引大众购买欲的点作为功能来开发不是更好吗?如果你所开发的产品或服务中包含能够减少大众隐性不满,满足大众隐性需求的设计和故事,那么即使不花钱做推广,也能受到大家的喜爱吧。不过,要如何收集那些能激发人购买欲的信息(提示)呢?如果能从真实用户那里打听隐性不满和隐性需求就好了……为此,还是只能做调查吗?那也要花钱啊。有没有办法进入那些能够给企业提示,以便企业生产出大众更喜爱的产品的社群呢?如果能进入这样的社群,不仅能开拓市场,还能降低开发成本,甚至还能以由此产生的创意为基础开发出更多新产品!但是,能想到这种奇迹般的方法吗?我陷入了沉思。

然后,我冒出了一个环保型故事的想法,它利用了现有故事和叙事的优点,同时又能找到并进入想要进入的社群。而且,可以推动产品开发,甚至包含了进入市场的方法……我将其称为"循环故事"。

第五章　强化传达和销售

循环故事这个说法源于循环经济。循环的理念是未来社会所必需的。如果有循环故事，就能减少不必要的营销和开发成本，同时也能提高产品和信息的质量。循环故事的结构很简单。要让故事和叙事循环起来，用在产品开发上。我来简单说明一下吧。

企业将故事与产品一起推向社会（通过广告或宣传），挑选对其内容有反应的个人或群体，收集那个社群里热烈讨论的叙事（话题）。这些信息将被反馈给企业，用于进一步的产品开发，之后企业会将进化后的产品与叙事或故事一起再次推出。然后，再去寻找新的故事……这样一边形成故事的循环，一边进行产品开发。

以上文提到的"肉末和米"为例，通过"三现"的故事来设计餐厅和菜单，将餐厅推广出去后，再根据从顾客那里获得的叙事（比如"想和柠檬汁一起吃"等）开发新的菜品，设计新的菜单……如此反复。

过去，我们花很多钱用于调查市场需求以及开发产品，但我认为这种循环故事的思维方式更接近在市面上进行产品开发的模式。最近我们常听到"生活实验室"（Living Lab）[1]的说法，其

---

[1] 欧盟"知识经济"中最具激发性的模式之一，它强调以人为本、以用户为中心和共同创新。——译者注

实我们可以把这种模式引用到产品开发中。如果这个循环故事能够奏效，企业就可以创造一个低成本的循环，将喜爱产品的人们的真实声音反馈到开发环节，然后变成一个关于产品的（充满叙事的）故事，再返回到市场。如果能实现这一点，那么企业不必再花费巨额费用，就能创造出激发人购买欲的故事，从而形成故事的生态系统。

在D2C时代，消费者内心的原始需求才是宝库。循环故事的效果非常显著，因为它能在收集这些信息（原始需求）的同时，通过社交网络和社群将信息传达出去。就像前面提到的放大镜方法一样，一个小小的社群或许能创造出令人惊叹的故事。最大限度地利用这一点，就会形成循环故事。我认为这正是新时代的思维方式。

只说概念比较难理解，那我用一个简单的例子来说明一下。例如，将循环故事用在婴儿纸尿裤上：

（1）开发出了不会漏的新技术。

（2）运用故事公式，创作出打动人心的不会漏的故事。

（3）投放低预算的数字广告，以接近目标群体（社群）。

（4）发现在社群内引起热议的话题（如何处理婴儿翻身时的侧漏等）。

（5）将重要的叙事（话题）反馈给产品开发部门。

（6）通过社群和生产者之间的对话，进一步推动产品开发。

（7）对产品进行技术革新，婴儿翻身时也不会侧漏。

（8）与爱婴社群合作，创作婴儿翻身也不会侧漏的新故事。

（9）将产品重新推向社会，并在社群内引起热议。

（10）重复上述过程，不断更新产品。

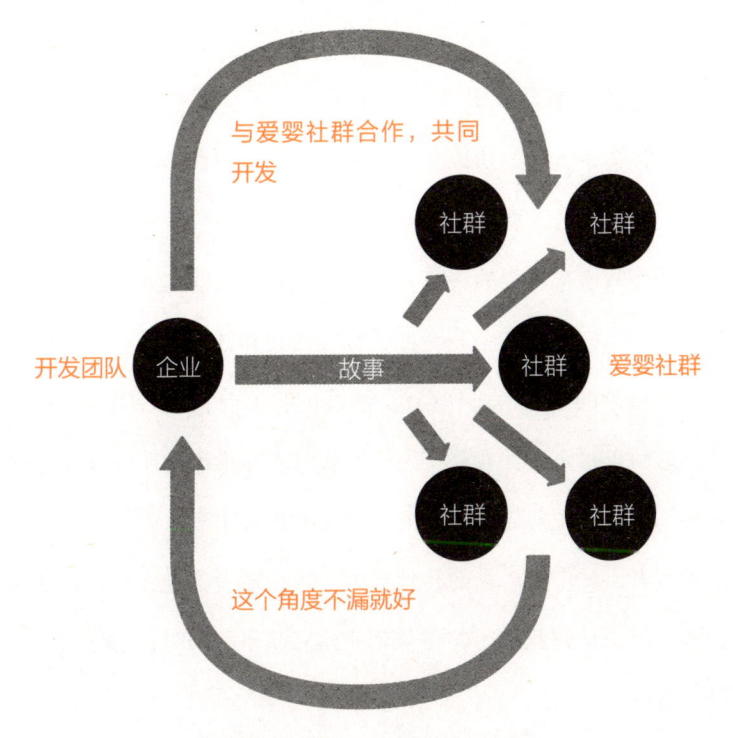

以婴儿纸尿裤为例说明循环故事

以上就是循环故事的模式。循环故事的划时代之处，在于它以平常的广告宣传为出发点，收集社交网络和社群内的叙事内容，并将其用于产品开发，这样就能有效进行宣传和开发，而不会浪费成本。当然，这也是企业内部技术革新的起点，企业通过与社群共同开发，还能推出新的故事，可谓一箭双雕。

▶ 循环故事也是成长生态系统

循环故事兼具故事和叙事的优点，而且该模式下信息会在企业和社会中流通，所以其作用和定义也与所谓的故事不同。在此，我对两者的区别进行了梳理。

循环故事很重要的一点，是企业和用户之间建立起纽带，而此时的主动权不仅在企业一方，也在用户和社群一方。这可以说是叙事思维的进化。正如第8点所述，社群与企业共同成为开发者，这一点很重要。在社交网络时代，企业推出的产品和发出的信息都要通过用户（社群）的传播才能扩散出去。因此，用户既是消费者，又作为产品的粉丝成为二级传播者，这样是最好的。循环故事正是如此，粉丝在与企业建立联系的同时，也扮演着二级传播者的角色。

今后的时代，社会需求将更加多样化，仅靠企业内部的开发团队很难与社会接轨，也很难生产出消费者真正需要的产品。因此，我们应该尽可能在企业之外与喜爱产品的人接触，并珍惜

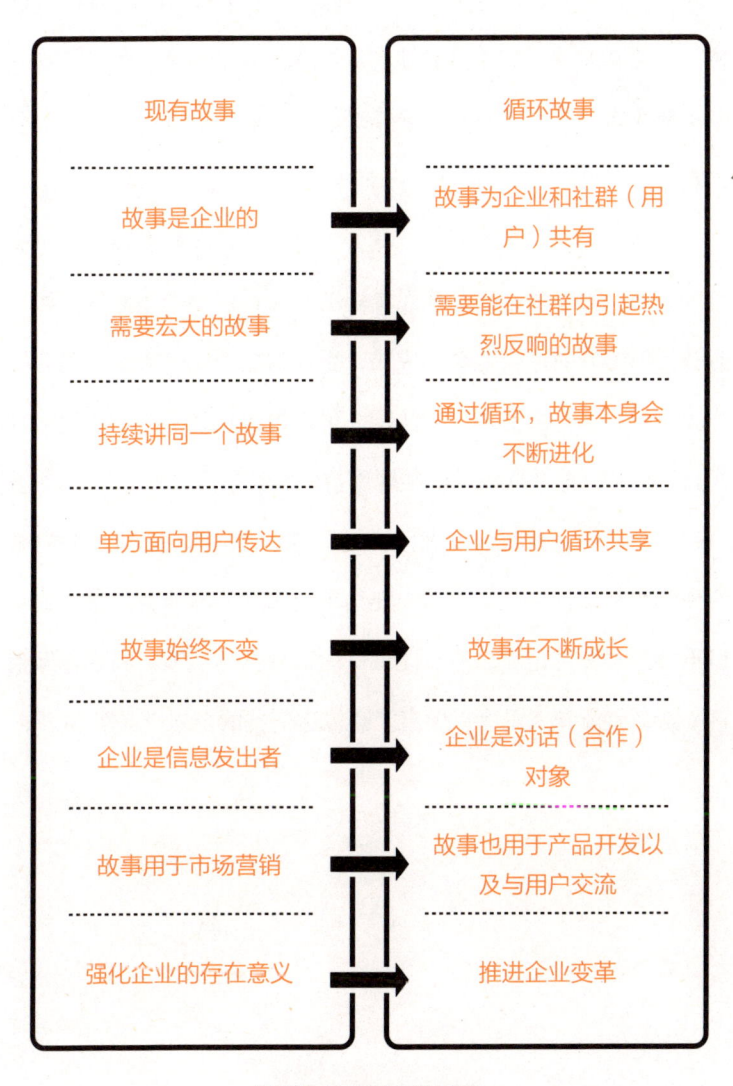

现有故事	循环故事
故事是企业的	故事为企业和社群（用户）共有
需要宏大的故事	需要能在社群内引起热烈反响的故事
持续讲同一个故事	通过循环，故事本身会不断进化
单方面向用户传达	企业与用户循环共享
故事始终不变	故事在不断成长
企业是信息发出者	企业是对话（合作）对象
故事用于市场营销	故事也用于产品开发以及与用户交流
强化企业的存在意义	推进企业变革

从现有故事到循环故事

由此产生的创意。如前所述，以往企业要想与这些人或群体接触，只能花费调查费来寻找他们。但是，有了循环故事后，既不会浪费成本，又可以与他们展开对话，企业和社群得以建立长久的联系。

如果能产生这样的对话，就会为企业注入新鲜血液，让企业与世界产生真实的联系，从而重获新生。社群中产生的创意如果能够反馈给企业，企业就会成长，企业的成长反过来也会成为社群的动力，让社群变得更加活跃。可以说，这就是在社交网络时代，社群和企业共同成长，共同受益的成长生态系统。

在本章中，我对故事进行了深入的介绍，读完后大家对故事的理解是否加深了呢？本章中介绍了很多术语和新的思维方式，但不必急着全部记住，要从能理解的部分开始实践。只要你做到这一点，就能深入思考，做出能够传达信息的企划或提案。

> 专栏

演示手记5：13岁时的记忆永远打动人心

下面我将为大家介绍我原创的调查方法，我用它来探寻社会意识，引起他人的共鸣。这个方法就是"记住13岁（人永远13岁理论）"。

13岁正是多愁善感的时期。我们通过询问他人"你13岁的时候喜欢什么"，可以获取不同年龄、不同领域的人的隐藏记忆和兴趣。我经常从中寻找共鸣标签，从而创作出具有说服力的故事。

我来讲一下方法吧。例如，以30多岁的男性群体为目标，常见的做法是把30多岁的男性召集到一起，针对他们目前的状况问他们"你喜欢什么，讨厌什么""你周末会做什么"，但这样很难发现他们的隐性不满和隐性需求。所以，我很执着于问他们13岁时的事情。我会问他们"你13岁时最喜欢什么""你13岁时住在哪里？上的哪所学校""你13岁时看什么电视节目""当时社会上流行什么""你13岁时听什么音乐"，等等。问了这些问题后，你会发现对方一下子变得活跃起来，与之前完全不同，甚至开始侃侃而谈，如此便能清楚地了解对方的真实感受和内心世界。

据说13岁左右的经历会给人带来重要影响，人在那个时候喜欢的食物和音乐可能会一直喜欢下去。所以，要了解一个人，不仅要调查对方现在喜欢的音乐，最好也要调查对方13岁时喜欢的音乐。就拿平面设计来说，对经历过《太空侵略者》[①]游戏和《吃豆人》[②]游戏流行年代的人而言，比起酷炫美丽的画面，粗糙一点的图像更能勾起他们的怀旧情结，让他们觉得"哇，好怀念啊"。

平成时代，电视广告的音乐几乎都是昭和时代的电视和广播的音乐。三得利金麦啤酒的广告曲和本田飞度（FIT）的广告曲都是昭和时代家喻户晓的歌曲，这样做是因为成年后买酒和买车的人在13岁左右经常听这些歌曲，在广告中加入这些歌曲会让他们觉得很怀念，很开心。

---

① 一款由日本太东游戏公司于1979年推出的街机游戏。——译者注

② 一款由日本南梦宫游戏公司于1980年推出的街机游戏。——译者注

综上所述，"记住13岁"是唤醒人们心中沉睡的共鸣标签的方法。年轻时的经历对人尤为重要，这些经历会赋予人很强的动力去改变自己的行为。

第六章

做令人喜爱的演示

▶ 从效率向情感转变

十余年来，从企划、提案到创意开发的全过程，我都是秉持着一句话来思考的，那就是从效率向情感转变。如今，我从这句话出发，对从小型推广策划到会议上的琐碎发言等进行全面思考。我认为今后几十年，情感将成为世界的主题。而对这一章节的主题——做令人喜爱的演示而言，从效率向情感转变自然也很重要。

近几年，日本市场上出现了众多与"表达""说话"相关的沟通方面的图书，其内容基本上是教人如何高效沟通。高效沟通固然重要，本书也介绍了许多高效沟通的方法，比如将要说的内容按照对方易懂的逻辑整理出来等。然而，我反对一切均以高效表达为优先的沟通观点。在我看来，注重情感的沟通才是未来所期待的，哪怕这样的沟通并不那么高效。

另外，我想稍微跳转一下话题谈一谈人工智能（AI）。如今人工智能技术正以惊人的速度发展，并且已经与医疗、交通、物流、广告等领域结合，潜移默化地渗入我们的日常生活，今后可能也将以惊人的速度实现人工智能的社会应用。

在不久的将来，随着人工智能在世界范围内的广泛应用，它将精准判断各类信息正确与否。可以说，我们将迎来一个准确无误的未来。从某种意义上说那是正确的未来，但我认为除了"正确的未来""无误的未来"，"可以失败的未来""憧憬的未来""可以笑着说'太傻了'的未来"等也应一同到来。在安全范围内，我们应充分尊重人的意志，允许人失败，允许人喝着酒怀念过去，允许人做一些愚蠢好笑的事情。我认为未来应该是这个样子的。

连续创业成功的孙泰藏[①]曾说："今后，人应该做的事情是充满热情地去追求有趣。因为想做所以去做，因为有趣所以追求，这是非常重要的。大胆去尝试，即使失败了也不断努力，总有一天会成功。我想这才是人生的本质。"我打心底里认同他的观点。

今后人工智能越是深入渗透人们的生活，人工智能无法参与的热情、盼望等就越是重要，届时人们将去追求那个充满人情味的可爱的未来。我认为，如果能这样展望未来，那么在可以左右企业未来的重要演示中，就不应该一味遵循人工智能式的效率主义，而应该做出面向具有人类热情和想法的"可爱的未来"的提案。

---

① 软银集团创始人孙正义的弟弟。——译者注

> 有正确的未来,
> 也有憧憬的未来、
> 笑着说"太傻了"的未来,
> 还有可以失败的未来,
> 这样,人们一定会很开心。

2020年,受新冠肺炎疫情的影响,日本的很多活动主题都开始转向守护生命、珍爱生命。我将此称之为"转向生命"。此后,日本企业的活动必将与可持续发展目标结合,朝着"转向生命"的方向发展。或许我们可以像过去那样,通过诸如大规模营销、大型活动、大型城市构想、集中化的工作方式等效率化手段来使得经济得以部分复苏,但我认为,珍爱生命、珍惜绿色、融入自然规律的设计等,以让人喜爱的方式推动经济,这种想法一定会愈发受到重视。

在这样的时代背景下,应该如何做提案呢?我认为关键词是情感。不沿袭过去成功案例,而是用源头思维探究接近生命的答案,用充裕的时间做出令人喜爱的提案。这才是今后商业的核心。

我认为今后一切都将以"是否有爱""是否有情感"来判别。当然,我们所热爱的事物也会渗透到与他人的沟通中。总有一天我们的世界会充满我们热爱的事物,而这正是我的愿景。

▶ 演示中是否注入情感

刚刚也有谈到，未来人类的工作肯定会不断被人工智能取代，但我认为这并不是悲伤的事情，而是让人活得更像人的契机。因此，我认为我们应该更加重视人性化的领域。

那么，究竟什么是人性化的领域呢？它通常被认为是富有创造性的领域。理由是人工智能通过学习过去来做出正确判断，所以创造未来的领域属于人类。但是，如今人工智能已经可以创造出音乐、美术作品等，通过学习过去那些优秀的音乐及美术作品，把它们融合到一起，人工智能可以创作出新的作品。身为一名广告撰稿人，虽然颇感无奈，但也许很快我的领域也将被人工智能取代。

不知道大家看到人工智能创作的音乐、美术作品时，是否会产生"感→动"呢？我并不是要打感情牌，告诉大家人因为更感性所以比人工智能厉害，但人工智能不具备人的情感是客观事实。人工智能可以整合很多信息，也能创作出优良的内容，但即便如此，人工智能也无法控制人类的情感以及因为情感而产生的行为。我认为，人工智能无法复制人脑，不可能控制人内心的热情、想象等。比如"无缘无故的爱""没有深意的哭泣""即使知道会失败还是选择挑战"等，即便人工智能可以预测类似不高效、无逻辑的行为，但要控制它们却很难。因此，按照上文的结论，非效率的、人性化的领域必定属于人类。而且，我认为其中最重要的就是人类的情感和依恋。"其他人我不知道，但我就是喜欢这家居酒屋""明明已经坏了，但我还是想一直带着的手表""虽然讨厌他，但却恨不起来""不知道为什么，但我就想一直待在这个地方"……只有那些超越了道理和效率的富有情感的东西会永远留存下去。而且我相信，我们即将迎来一个依恋时代，在这个时代，人们将更加重视人工智能无法控制的、在时间中积累、沉淀的事物，比如历史和文化。

在上文中，我也提到过，如果要进行展望未来的演示，就应提出充满情感的未来提案，这是因为在今后的时代情感和依恋将愈发重要。人工智能将在未来波及商业，在理解这一点的基础上，能否做出与高效且准确的未来相反的充满情感的未来的提案、能否催生"说不出理由，但就是喜欢这个"的情感，这将是今后决定演示成败的关键点。

申明一下，我并不想批判人工智能。实际上我对人工智能抱有浓厚的兴趣，还进行过人工智能相关公司的品牌打造。只是我希望大家知道，由于人工智能等效率化的反作用，今后的时代将成为追求情感的时代。当然，提升生产效率离不开人工智能，但经济效率不可以凌驾于人类的幸福之上。因为想要让未来幸福，就必须让人类幸福。因此，我认为我们今后应该做出能处理好人与人、人与地球、人与人工智能关系的提案，演示也应该向这个方向转变，注重效率的同时以情感为目标，这才是全新演示的做法。

可能有人会说"在日常提案和销售话题中不必那么夸张吧……"，可是面对更不明朗的商业环境应当如何提出提案，再三思考下，我认为唯有回归到人类生活的基础"人""生命""自然"这样的本质中。为此，作为人类，只有提出注入情感的方案。

话虽如此，恐怕今后人们还是会继续追求效率、便利。与其他行业相比，以GAFA［谷歌（Google）、亚马逊（Amazon）、脸书（Facebook）和苹果（Apple）公司英文首字母的缩写］为代表的信息技术行业凭借效率席卷全球。各种各样的效率类服务也会继续蓬勃发展，世界将不断效率化。但高效且便利的服务却无法令人感受到情感，而且从上文的观点来看，这也将成为新时代商业的负面因素。

从另一个角度来说，此后能够满足人们情感的企业可能会赚得更多。我认为，联合国的可持续发展目标其实也蕴含着巨大的市场。

那17个目标[1]及169个指标[2]是全球商业的愿景,也是"今后将涌入众多资本,所以开创新的业务吧"的故事。我认为,各个领域的关键词就是情感。关于所有的可持续发展目标,如果带着情感去思考,任何公司、任何部门都能想出相应的创意,而这也可以成为参与未来巨大市场的举措。

> 以"情感"为主题创造未来的商业。

▶ 从健康生活的视角,将情感注入商业

近年来,"健康生活"一词备受关注,众多企业也开始以是否健康生活而非是否高效为出发点去思考问题,并制定了相应的愿景或理念。我参与创立的东京都立川市Green Springs社区在5年

---

[1] 2015年9月25日,联合国可持续发展峰会在纽约总部召开,峰会正式通过17个可持续发展目标。——译者注
[2] 联合国通过的可持续发展目标涵盖169个具体指标。——译者注

前提出了"健康街区"的理念并推进开发(在第三章理念的解说部分提到的索拉诺酒店就位于该街区的中心位置)。2020年春,该街区迎来开业,并以开放、绿色、幸福的特色引来媒体争相报道。尽管受新冠肺炎疫情影响,该街区仍然受到了热捧,成为人们放松心情的好去处。

该街区并非像过去的街区那样是人、物、财的聚集,而是水、绿、风的聚集。这里天空广阔,酒店拥有宽敞的阳台且顶楼有无边泳池等开阔的空间,所以人们在这里能体会到幸福和健康生活。尽管该街区的开发始于新冠肺炎疫情出现之前,但从结果来看,它的理念经受住了疫情的挑战。这是因为该街区的开发并未局限于既有的街区开发、建筑开发理念,而是不断追问"街区究竟应该呈现怎样的风貌呢"。从情感出发思考如何实现可持续发展目标,这造就了Green Springs的成功。因此在我看来,相较于效率,新时代的提案应该更以情感为主并通过源头思维来思考问题。

位于东京立川市的Green Springs　　位于索拉诺酒店顶楼的无边泳池

今后，不仅限于街区，在人们生活的所有领域里，立足于人的情感、注入热情的开发将越来越重要。正因如此，针对所有面向未来的演示，我才会提出"其中是否注入热情"的问题。

演示常被比喻为写情书或求婚，因为演示是构建人与人之间连接的媒介，也是将我方情感传递给对方并使其理解的过程。在此基础上如果要更进一步，与对方构建起长期商务关系，最好还要提出共同喜爱的未来提案。注重效率的求婚毫无意义，注重效率的演示同样如此。因此，无论是何种方案，都应该基于长远视角提出孕育情感的思路，而非追求短期利益。

当然，商业必须盈利，如果企业都存活不了，何谈注重情感呢？只是我认为，今后的时代中，与企业盈利紧密相关的不再是短期效率，而是长期情感。随着大众的意识从大众走向小众、从消费走向留存，商业世界也在发生变化，比起短期巨浪，很明显长尾小浪更有效。今后，企业考虑的将是长期利益而非短期利益。比起产品是否畅销一时，企业将更注重它是否令人喜爱。

那么，长尾商业是否是一种新方式呢？实际上并非如此。品牌商业模式中，企业考虑长尾效应而非短期效应，通过发展大客户的服务或开展企业社会责任（CSR）活动等来切实寻求长期盈利。从夯实客户服务及关系维护，以及文化育成的观点上看，追求长远受人尊重的品牌不胜枚举。

> **新型商业**
> 从大众走向小众；
> 从消费走向留存；
> 从短期走向长尾；
> 从畅销走向喜爱。

例如，食品公司通过开展"食育"活动来宣扬正确的饮食文化；汽车厂商通过向小朋友讲解交通规则等增加小朋友对乘坐汽车的兴趣。其中，我最喜欢的是三得利公司举办的活动，三得利公司持续开展教大家饮酒礼仪（由开高健[①]、山口瞳[②]创作的"成人日[③]"的广告很有名），以及让大家对酒文化产生热情的活动，由此获得了人们的尊重。诸如此类的长尾式构思绝不旨在追求短期利益，而是面向那些真正的受众，追求长期利益。

说实话，今后商业成败的关键在于是否受人们尊重，唯有受尊重才能构建起长期受客户欢迎、长期畅销的业务。即使是像信息技术行业这样代表时代趋势的企业，也应该直面人心，努力孕

[①] 日本小说家。——译者注
[②] 日本编剧。——译者注
[③] 在日本，每年1月的第二个星期一是成人日。当天会举办庆祝成人的活动。——编者注

育情感，赢得尊重。而且，这种尊重必定介于效率和情感之间，前者能够减少生活中的不满，后者则会让企业富有人情味。

▶ 效率与情感之间

虽然我总拿效率与情感做对比，但这并不意味着非效率就必然和情感挂钩。浪费高级材料以及功能冗余的产品很难孕育出情感，也无法获得人们的青睐。

那么如何才能孵化出情感呢？答案就是伴随本质追求而生的非效率。例如，如果本质的追求是美味，那么在这方面狠下功夫的寿司店就可能会受到全世界的喜爱。如果本质的追求是使用舒心，那么不使用机器而坚持手工制作的刷子店就可能会源源不断地接到来自国外奢侈品牌的订单。同理，人们渴望那些源自非效率的本质追求的情感，而且我认为今后全世界都将追求这样的情感。

话虽如此，但我并不认为追求非效率就是舍弃便利。举一个例子，如果如今的日本人追求电影《永远的三丁目的夕阳》[①]

[①] 由山崎贵执导，吉冈秀隆、加藤小雪、堀北真希等主演的剧情片。影片以日本东京旧城区夕日町三丁目的一条商店街为背景，再现了1958年日本经济开始复苏时期的普通人的生活。——译者注

中那样非效率的生活方式，最终只会被时代抛弃。就像人们希望计算机性能高、手机永远联网，明天就能收到想要的东西、汽车自动行驶、实现无现金化……企业应该不断追寻如今人们所希望的高效，这是消解生活中的不满，为大众带来幸福的有效方式之一，同时这也是发展的动力。然而重要的是如何在追求效率的同时保留情感。便利的事物为大众生活带来了便利，没必要将它们淘汰，有亚马逊、麦当劳、便利店的世界无疑是更好的世界。不过，在今后的时代，我们更需要弄清楚，如何在保持便利、高效的同时成为受欢迎的存在。

理想状态是如同旋转阶梯一般螺旋上升，非常方便而且比之前注入了更多情感，未来商业的主流是朝着这样的理想去完善产品的功能、设计和故事。因此，今后的企划或提案将在效率和情感之间穿梭，展现出追求本质的态度。我认为正是在工作效率日益提高的新时代，我们才更应该放眼未来，做出以情感为主题的企划和提案。

实践这一想法，在效率与情感之间取得完美平衡的就是苹果公司。苹果公司的产品不用多说，此外，从包装到门店设计、员工话术及服务、官网内容、广告，抑或是包装箱中内置的小字，处处都彰显着苹果公司的用心。在这个效率优先的时代，可能有人疑惑为什么要如此努力地做设计，觉得没必要过度包装，但正是这些细节处的用心让用户感受到了品牌方的态度，"这是我们生产的重要的产品，请一定要永远使用下去啊""我们深爱持续使用我们产品的你"，苹果公司依靠这些细节赢得了用户的心。我认为这样的思想才符合新时代的需要。

▶ 展示充满情感的愿景

当下仍然有很多人是"效率信徒"，他们大声主张无效的东西就应该消失，但追求效率的尽头是否就是幸福呢？即便过着高效率的生活，偶尔也想摆脱束缚、放纵任性一下，我认为这才是真正的幸福，意识到这一点之后做出的提案才能创造幸福的未来。

每次谈到这类话题，我总会想起我做广告撰稿人时的师父小霜和也的话。除了PS游戏机的广告文案，小霜和也还创作了众多广受好评的作品。他是塑造我思维原型的恩师，更是我眼中真正的天才。有一次，我和小霜和也一起经过新宿祭日活动现场时，他问我："你认为这个摊位怎样才能卖出更多商品？"我想到一个好主意，得意扬扬地回答道："写块牌子'比隔壁便宜100日元'，怎么样呢？"听了我的回答后，小霜和也笑着说："这样啊，你的方法确实可以提升销量，但如果活动现场的摊贩都这样做，那祭日活动就会变得无趣，这样就没人愿意来了。所以我们创作广告时除了追求高效达成目标,也要追求让人们兴奋并感到幸福。销量固然重要,但让人们产生想来祭日活动的冲动也同样重要……"

小霜和也的话让我深受启发,不仅要追求效率,也要考虑情感。他教会了我用更广阔的视野去思考应该做的事情,我将其称为"摊位理论",直到现在这一教诲都存在我心中,支撑着我的工作。

不要单纯追求效率,
重要的是勿忘情感。

▶ 如何反驳对方的意见

在此我想转变一下视角,谈谈让人对演示产生好感的三个重

第六章 做令人喜爱的演示

要时机。

我先要讲的是回应的时机，这或许会让大家有些意外。演示本应该是打动人心的提案，但有时也会事与愿违。有时你很认真地在讲，对方却没有听懂。或者因为一些小细节让对方不舒服，导致对方生气等。但这也是没办法的事，演示的目的在于展望未来而非取悦他人，那就难免会让对方不舒服，也会有反对意见和尖锐的提问。因此，如何应对对方的意见或否定是演示的必备技巧。

实际上，我认为演示最重要的主题之一就是"回应对方的意见"。无论你做出了多好的演示，如果你不能回应对方的反对意见，你的演示就会被当场出局。不，不仅是演示，如果你不能很好地回应对方的意见，你甚至可能在人生中出局。反之，如果你对对方的意见回应得当，那么不仅演示能获得对方认可，甚至你可能会与对方结成相互信赖的关系。因此，我认为无论是对于演示还是人生，掌握回应方法都很重要。遗憾的是，在日本，关于这方面的书或网站都很少（这个问题非常严重）。因此，我想分享一下我总结的回应对方意见时的五个要点——应答五条。

只要掌握这应答五条，你就能做出自己的回应，利用回应提出更深层次的建议，甚至成为获得对方信赖的契机。既然如此，我们就马上来看看这五条分别是什么内容吧。

（1）将对方视为专家来对待

我们先要在思想上意识到，无论是公司领导，还是部门负责人，或者是入职一年的新人，只要是来听演示的人，一定是演示内容方面的专家，是值得尊重的人。对于自己绞尽脑汁苦思出的想法，对方提出"不对""应该这样吧"等意见时，谁都可能会不高兴，但如果把这些意见理解为来自专业人士的意见，就能够听进去，并且使之成为发现新事物的可能性。

（2）深入理解对方的发言后再开口

针对对方的意见，演示者立即反驳"不对""不是"，这样回应是不可取的。不过一味沉默应对也不妥当，因为这样可能会被认为没有理解对方的话或是心有怒气。应对这样的场景时，我们要先听懂对方的意见，然后点头，也可以说一句"原来如此……"，这样做的同时思考如何回应。总之，对于对方的反对意见，重要的是我们要深入理解并进行思考，而不要立即回怼。

（3）勿以正确意见进行反驳

回应时重要的是伙伴感，而打碎伙伴感的就是以正确意见进行反驳。虽然有年轻人经常头头是道地抨击"我认为从业务上说那样是不对的""那样的话就跟最初讲的不一样啊"……很多情况下，大家因为知道正确的意见而感到为难，又反过来产生一种对方不理解自己的感觉。对方基于公司内部情况质疑时，如果演示者以正确意见加以驳斥，就等于宣告你我不是伙伴。演示者需要做的，是在理解正确论点的基础上，设身处地为对方着想，一起尝试寻找不同观点的答案。

（4）视角上下左右移动

这是我在回应中最重视的一点，那就是在回应对方的意见时，要转移视角。首先，将视角上移，譬如尝试以"愿景""企业理念""社会问题"为引子，"关于这个问题，从贵公司的愿景来看……""聚焦近期社会问题……"，像这样有意识地将讨论往上拔高，不仅论点清晰，而且能够从更高视角获得对方对提案内容的共鸣。

其次，将视角下移，这是指回归问题，随着演示或会议往下进行，最初的问题往往会渐渐模糊，这时如果回归问题本身，并再度提出针对该问题的实现方案，大概率能够获得对方的理解与认可。

最后，试着左右移动视角。这是指"从客户和员工的真实想法，以往的事例等不同角度传达意见"，这之后的回应就会成为拓宽讨论视野的契机。或者可以讲述朋友或家人等$N=1$的真实故事（稍后的"自话"部分会讲）。如此一来，就能够在不否定对方的同时把讨论引向更深入的层面，而且还可能会发现新点子。

（5）深入思考，提出追加提案

最后是接受意见、思考、再提案的态度。对于对方的意见，无论如何巧妙回应，都会给人留下反驳的印象，重点在于认真对待对方的意见并进行深入讨论。为此需要深入思考，并引导对方进行再度交流。请抓住这个机会，针对演示前并不了解的对方的真实想法以及隐性不满再次提案。

以上就是应答五条的内容，掌握了正确的应答方法后，就不会因对方的反对意见而慌张，相反，还可利用对方提出意见或质疑的机会，更加深入地向对方传达自己的想法。换句话说，应该将演示结束后的提问或点评等环节看作再度认真陈述自己想法的机会。为此，事前准备工作要做扎实。一般广告代理商将这一流程称为"预想问题和回答"，演示前会进行练习，有时还会制作预想问答集，但如果仅仅依赖预想问答集，当遇到预想以外的问题或反对意见时就容易慌张，因此，我建议大家结合我分享的要点培养独立思考的能力以及应答能力。

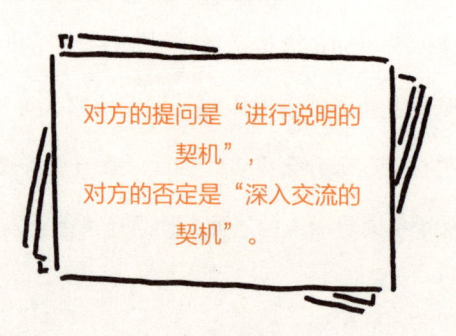

> 对方的提问是"进行说明的契机"，
> 对方的否定是"深入交流的契机"。

▶ 讲自己的故事而非自我吹嘘

要让对方对演示产生好感，第二个重要的时机就是讲自己的故事的时候。

演示不是机器人之间的信息传递，而是人与人之间的交流。因此，再好的提案都有可能发生"因为不想跟讨厌的人共事，所以不予采用"这样的情况，这是人之常情。也正因为如此，演示时令人喜爱很重要，这意味着掌握"令人喜爱的同时展现自我"的方法也变得十分重要。说到这里，可能有人会想"不管怎样先展现自我吧"，然后开始自我吹嘘。不过我认为演示时最好尽量避免自我吹嘘，虽然这样可以让对方了解与自己有关的必要信息，但"怎么样？很厉害吧"这种自大的态度反而会妨碍交流，让对方抗拒和你一起工作。就算是无意识地这么做，过分骄傲也只把对方的心推远。

那么，如何才能在令人喜爱的同时展现自我呢？答案就是讲自己的故事而非自我吹嘘。放弃自我吹嘘，单纯讲自己的故事，指的是讲对方不了解的自己的故事。可能有人会想"在演示场合讲自己的故事，这样好吗"，但讲自己的故事是非常有效的，只要方法得当，不仅不会破坏演示的逻辑，还会让对方了解自己并使之成为双方产生共鸣的契机。换言之，与回应一样，自己的故事也是让对方对演示产生好感的有效时机。

上文提到的我的师父小霜和也就是善于讲自己的故事的天才，尤其是他在PS游戏机的演示时讲的自己的故事非常精彩，至今我都记忆犹新。

当时的PS游戏机公司对我们来说是每年制作五十多支广告的大客户，我们受邀为其年度电视广告活动进行演示提案，该项目预算高达数十亿日元，演示方案非常重要。但当时演示席上的人很紧张，不能从容表现，这时，小霜和也突然开始讲起了自己的故事："不好意思，打断一下，其实我昨天晚上跟妻子吃完饭后在孩子的朋友家玩了PS游戏机……"在场的销售负责人和我都吓了一跳，因为这是与当时的紧张感不相称的、看似愚蠢的私人话题。然而，现场客户代表的反应却出人意料，他笑着问："然后，她怎么说？"于是小霜和也接着讲："她说最近有点反感PS游戏机，玩游戏容易导致孩子视力下降，还影响学习，周围的人都开始反对PS游戏机了。"

现在氛围顿时轻松了下来，我们开始与客户热烈讨论"PS游戏机公司应该为当下的家庭做些什么"，多亏了小霜和也所讲的故事，才把现场与真实世界联结了起来，从而引导演示进入实际的讨论。

▶ *N*=1的能量

那一刻，我明白了小霜和也的用意。在市场调研数据中，样本量*N*这一数字越大调查结果的可信度就越高。但数字是冰冷的，光有数字缺乏真情实感。小霜和也所讲的自己的故事只是他个人的故事，如果以调查数据的思维来看，就是一个样本量*N*=1的信息，意义不大，但正是这样的信息吸引了现场的客户代表。也就是说，在现场讲述客户平时无法获取的个人信息时，能够引起对方极大的兴趣。

自那之后，我不再盲目相信以假想群体为对象的调查，也不再迷信数字，而是始终信赖每一个目标用户的真实想法。而且，当演示进展不顺时，我也开始学小霜和也讲自己的故事，如今，我已经把讲自己的故事作为让人对演示产生好感的有力武器来使用。自己的故事对于吸引对方的注意力，改变谈话方向非常有效。

不过，在演示中讲自己的故事时有三点需要注意。

第一点是主题，如果讲与工作毫无关系的自己的故事，对方并不会认可。自己的故事的本质不是一般的理论，而是从自己独有的经验中获得的启示。如果能在此基础上结合演示内容以及近期热点话题讲自己的故事，你也能成为演示专家。

第二点是时机。我认为讲自己的故事的时机要么是演示开场需要吸引注意时，要么是演示处于胶着状态时。讲自己的故事用作进入主题前的破冰相当奏效，而在双方意见不统一，演示进入胶着状态时或想要调整方向、节奏时，讲自己的故事也可以帮我们打破僵局。

第三点是上文讲过的回应。这也是时机之一，针对对方的问题和意见，"根据我的经验……"这种讲自己的故事式的回应很有效果。因为就算市场数据足够全面，你的个人经验也是数据之外的另一个补充。从自身经验出发进行回应，会让人感觉到你的意见或想法是认真思考后的结果。希望大家能够在意识到以上三点注意事项的基础上，用自己的方式讲自己的故事。

说个题外话，PS游戏机公司那次演示的结果就是产生了后来的广告"成就更好的孩子与父母"，它是教孩子养成良好游戏习惯的广告，告诉孩子"注意不要过度沉迷游戏""玩游戏后要好好收纳整理"等，以此为契机，父母对待PS游戏机的心态也变得积极起来了。回想起来，要是没有小霜和也当时讲的自己的故事，可能PS游戏机获得家长们的支持与赞同的时间点就要往后推迟了。从这点上讲，无论是对PS游戏机公司还是对我，这都是一个十分重要的自己的故事。

▶ 不强迫自己讲好故事

那么,演示时要如何讲好自己的故事呢?

首先,从搜集素材开始,比如家乡的故事或者家人、朋友等身边人的故事,当时机到来时就尝试讲出来。值得注意的是,在这个过程中你要有从容的心态,即抱着故事讲不讲都无妨的心态去做准备,自然就能在合适的时机把自己的故事讲出来。例如,你正在和客户召开一个关于如何销售茶的会议,这种时候不能只说"从市场数字来看……",而是要加入自己的故事"我当地的朋友说,如果……的话,他们就不会喝这种茶了",这样,你的发言才更能被对方接受。因为这样的发言中有客户不了解的原始信息,更真实,也更有价值。

其次,不要用力过猛,不要总想着一定要讲抖机灵或者有深度的故事。相比之下,要是能把自己家乡的故事或当地朋友的故事与提案主题相结合,对方的表情就会发生变化了。这样你的故事就会成为共鸣标签,打动对方的心。例如,我曾在演示中讲过这样的故事:"前不久我去了一家很不错的居酒屋,那家居酒屋由一位年迈的老奶奶独自经营,上菜速度非常慢,但是客人们完全没有抱怨,而是微笑着耐心等待。"

这是一个暖心却常见的故事,重要的是要把故事与演示主题联系起来，于是我接着讲："因此，我认为关于贵公司即将开展的服务，重点在于采取何种措施才能达到故事中那家店的氛围。我们从这点出发来进行探讨吧。"这样大家就基于同样的认知（共鸣标签）去聆听我的演示内容，并自然而然地展开讨论。如果能像这样把自己的故事和联系主题组合起来思考的话，就能达到更好的效果。

为什么说自己的故事有力量呢？这是因为自己的故事是真实的体验和真正的所思所感。故事中包含了企划、提案中重要的目标人群的真实心声，也蕴藏着改善产品或服务的契机。这与共鸣标签的实际体验效果相同，也与生活共鸣图的思维方式相同。这并非笼统的理论，说到底还是因为有贴近生活的心声，所以才能输出接近切实可行的想法。即使是一些微不足道的故事，只要和演示主题相结合，就远比晦涩难懂的道理更能打动对方的心。

尽管如此，还是有很多人都认为在演示中不能说多余的话，我也常说那些翻来覆去讲的话是演示的"赘肉"，但自己的故事不是多余的话，它是一种配合时机，将与提案相关的真实故事，以及目标人群的真实感受传达给对方的手段。通过自己的故事传达真实感受后，大家脑海中就会产生共同印象（共鸣标签），从这里开启话题，从而提高演示的效率。乍一看觉得无聊、无用的故事也没关系，过去犯过的错误也可以，如果能将这些内容与提案内容联系起来，就是很好的"自己的故事"。

做演示时，很多人会觉得"必须讲对客户有益的内容""必须很严肃地发言""必须展现自己的聪明才智"，但事实恰恰相反，你越是想讲好故事，就越紧张，越说不出话。另外，站在对方的角度想就会明白，对方可不想听到复杂又紧张的故事，但讲述人的真心话或日常故事是他们感兴趣的。所以请记住，没必要勉强自己一定要讲好故事，只要深呼吸，讲好属于你自己的故事就可以了。

▶ 把三种故事做到极致

前面聊了很多有关自己的故事的内容，实际上故事主要有三种类型。

第一种故事是"自话"，也就是之前讲到的自己的故事。它是指自己的亲身体验或所思所感，也可以是家人朋友的故事或想法。讲共鸣标签的时候我也讲过，打动人心的关键在于体验。另外，讲完自己的故事后，意识到联系主题也很重要，请尽量用"自己的故事+联系主题"的配套思维来思考问题。

第二种故事是"时话"，它是指紧跟时事潮流的话题。比如，"我妈最近沉迷抖音国际版，并且她说在中老年群体中抖音国际版这样的社交软件很受欢迎",类似这种紧跟潮流的自己的故事。不过,一般的话题意义不大。请大家记住,只有那些谁也不知道的你自己的亲身体验,并且紧跟潮流的故事,才是"时话"。

第三种故事是"乡话",也就是乡村故事。说说过去的乡村故事也可以,但最好是近期居住在乡村的父母、家人或朋友的故事,因为那里有人们在城市中找不到的有趣发现。如果是在城市长大的不了解乡村的人,则可以聊聊自己喜欢的乡村地区,可以是旅行故事,也可以是从别人那里听来的真实故事。现在是一个乡村焕发光芒的时代,以自己的独特的视角来谈论这一话题是非常有趣的。

希望大家在日常生活里充分注意上述三种故事,并将它们大胆运用于演示开场或演示陷入胶着状态时,这样你的演示将更能引起共鸣。

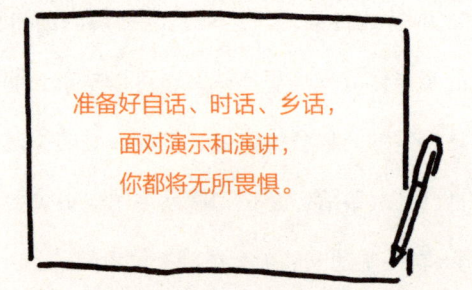

> 准备好自话、时话、乡话,
> 面对演示和演讲,
> 你都将无所畏惧。

▶ 如何将输入的信息转化为三种故事

要在演示中做好三种有效的故事（自话、时话、乡话），不仅要从自己的亲身体验和家人朋友那里获取信息，还需要输入新闻和流行趋势等信息。输入可以成为工作灵感的源泉，也可以成为商业活动的契机，还可以成为故事的素材，所以请尽量积极地进行信息输入。

经常听到一些人以一副无所不知的表情说"要大量输入"，然而我认为这句话只对了一半，我这么说是因为输入必须与输出配套完成。我在本书前言中也说过，如果没有输出，只是一味地输入，就会累积大量无法处理的信息，而这些信息很快就会被忘记。因此，将输入转化为输出非常重要，比如，把听到的故事立刻跟人分享；将获取的信息立即体现在企划中；将热点转化为提案创意等。如果没有机会在线下跟人分享，你也可以选择油管网、脸书等，总而言之，就是要以某种形式进行输出。

当你想尝试把听来的内容分享出去时，就会去思考所听内容的意义，进而加深自己的理解。如此一来，新的信息就鲜活地存在脑海中，可供你作为自己的故事随时取用，所以我这二十多年来始终保持听到趣事立即跟人分享的习惯。

经常有人问我："小西，要怎么进行输入呢？能传授一些秘诀吗？"其实并没有所谓的秘诀，我不太看书也不太看电影，取而代之的是上网浏览信息，或是听广播、看新闻网站，此外就是与同事、朋友们交谈，仅此而已。不过我认为这样的方式也挺好，因为日常生活中蕴藏了大量可作为自己的故事的素材。

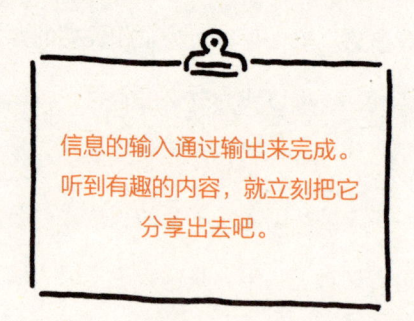

> 信息的输入通过输出来完成。听到有趣的内容，就立刻把它分享出去吧。

但是，很多情况下，即使获取了素材也不会输出，所以很快就会忘记。其实这才是决定性的问题，掌握大量信息的人与信息匮乏的人的区别就在于此。例如你与他人吃饭时听到了有趣的事，可能第二天就会忘得一干二净，但如果听到后立即将它输出，这样就不容易忘记。虽然也可以只做笔记，但跟他人分享或者记录在社交网络上，这样的方式会令人更深刻。

实际上，信息敏感度高的人可以通过输出储存很多有趣的信息。相较于信息输入量，信息敏感度的高低更大程度上取决于信息输出量。此外，当你不断分享了解的趣闻时，大家就会认为你是一个有趣的人，渐渐地其他人也更愿意跟你分享有趣的事，这样就会产生信息敏感度的良性循环。

▶ 结交工作伙伴的三个要点

至此，我已经讲了让人对演示产生好感的三个时机中的两个。最后一个时机就是"事前"，即演示之前。其主题是如何与演示相关人员建立情感，也就是"伙伴化"。

众所周知，演示是有时间限制的，演示中能做的事情也是有限的。因此，演示者的精力都集中在阐述提案内容上，几乎没有时间与不认识的人建立友好关系。但演示之前的时间是十分充裕的，有时候能否运用好这一阶段的时间就决定了演示的成败。因为对方是第一次听演示，所以如果能在演示前敲开对方的心门，让对方产生"想听你讲得更多""想跟你交谈""想跟你倾诉苦恼"的心情，那就再好不过了。为此，大家应该在准备演示期间花工夫充分了解对方的痛点或需求。

也许有人认为我在讲正确的废话，但我认为，做好这些基础工作，才是让人对演示产生好感的极佳方法。而这些基础工作中我关注的要点是"共鸣""言中""提问"。

2019年12月开业的京都Good Nature Station（集酒店、餐厅、商业于一体的综合性设施）的项目开发中就集中体现了对这三大要点的重视。在这个项目中我切身体会了到"伙伴化"的重要性。事实上我的团队参与这个项目时已是项目的收尾阶段，那时距离开业仅一年时间。然而，当时设施开发进入了一个异常缓慢的阶段，让人感觉很难由进展。我们进入该项目后发现，以前制定的愿景和理念都失效了，各个部门各自为政。每个团队内部都有一种危机感，"在看不到全貌的情况下很难继续前进""这样下去就赶不上开业了"，项目相关的所有人都感到不安。

此时，距离开业仅一年时间，按理说应当全力全速推进项目工作，但我们反而不急，在进行新愿景、新理念、新计划的演示前花了一个月的时间充分倾听与每一位项目成员的声音。从社长到新员工，我们抽出时间认真地与每一个人交流，了解他们需要什么，有什么问题是还没有解决的。我们这么做是因为当项目停滞时，即使另辟小径绕开问题点，也只能暂时改善状况，无法从根本上解决问题，而重要的不是如何回避问题，而是项目整体的顺利进展。为此，我们先要充分倾听每个人内心的不满，了解问题所在，思考应该采取的应对措施，然后从中筛选出不足点并将其问题化，这很关键。正因如此，我们才把这重要的一个月用来筛选不满和设定问题。

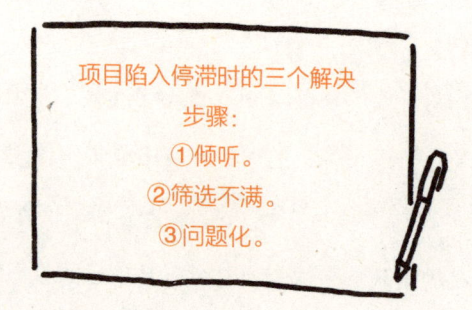

> 项目陷入停滞时的三个解决步骤：
> ①倾听。
> ②筛选不满。
> ③问题化。

▶ 尊重现场专家

这正是为了重新制定"问题→未来→实现方案",从源头思维开始,筛选出所有的不满,重新定义问题的过程。我们能完成这项工作也是因为"制定愿景从聆听不满开始"这样的意识根植于我们脑海,尽管时间紧张,但这个项目最终获得了成功,而成功的关键就在于这一套演示逻辑。

对于具有重要意义的筛选不满环节,在实际操作中的注意事项就是始终要有"认识到对方是专业人士,在尊重对方的前提下推进工作"的意识,无论是像我们这样作为第三方参与项目还是在公司内部与其他部门协同工作,都要有这种意识。

从企业或项目的外部角度看,我们可以发现并指出内部很多问题,但重要的是先克制住发声的欲望,要耐心倾听。要始终意识到对方是该领域的专业人士,同为专业人士,交流起来更容易相互产生信任,对方的热情也会被带动起来。无论什么项目,如果我们无法带动相关人士的热情,都将以失败告终。

我经常收到来自地方政府关于城市改造或推广的委托,但如果没有城市专家作为关键人物存在,我就不会接受这项工作。涉及某城市的项目,要是没有能称为"该城市的专家"的居民或商家,项目则无法推进。就算我站在外部人员的角度给出了许多意见,并且政府相关方面也采取了相应的措施,但只要该城市的人不做出行动,就什么都无法改变。我经常倾听现场专家的讲述,从专家的不满中发现问题,并与他们一起推进项目。这样的做法当然也体现在Good Nature Station项目中,尊重客户,把客户视为专家,听取他们的专业意见,我们便是以这样的态度与客户展开交流的。我们在这种意识的指导下倾听对方意见,先要注意的就是刚刚所讲的三大要点(共鸣、言中、提问)中的共鸣。

我们听取意见时最重要的是发自内心地认同谈话内容,不否定现状,接受对方的想法与提议,并且具备"充分理解消化、共同向前推进"的意识。从外面看起来似乎没有行动,但在内部、在现场,每个人都在努力。但是,如果你突然说"这个项目不能这样进行下去",就会让对方一下子失去信心。相反,如果你告诉对方"原来如此,您是这样做的啊,这可真难啊……",像这样发自内心表示共鸣,就会打破对方内心的隔阂,让对方跟你作为志同道合的朋友去共同发现问题。

注意,这不是技巧而是态度。只要有尊重对方、将对方视为专家的意识,就能够从心底说出那句"原来如此"。要想提出真正有利于对方的提案,首先,要了解情况,整理问题,等待专家的行动。

其次，为了今后工作的推进，需要让对方感到你"很靠谱""很懂"，要做到这一点，"言中"就显得尤为重要。既不是单纯地询问现状，也不是否定现状，而是言中现状。例如，当对方说"就是这里不行啊"时，不要否定对方"不能这样做"，而是提出具体的问题"原来如此，您是这样想的啊。顺便请问一下，这是参考了××酒店吗"。如此一来，对方的反应就会是"对！是这样的，我觉得××酒店特别好"或是"啊？不是啊，很像吗"。像这样，对方的思维就会跟着你走了，并且还会认为你是懂行的专家，是实际工作中的伙伴，而不仅是形式上的伙伴。当然，为了达成这样的效果，我们必须对行业及工作有充分的了解，换句话说，其前提条件就是我们要进行充分的事先学习，积累足够的知识。总之，要建立起与对方之间的连接，事先必须狠下功夫。

最后，就是提问，也就是询问意见，比如，"那么，要不要试着策划这样的促销方案""如果要策划这样的产品，您有没有什么点子呢"，像这样诚恳地询问对方的意见，而不是把自己的意见强加于人。被提问之后，对方就会把这个问题当成自己的事去思考，顺利的话，对方与你的立场就会同化，而且会认为你不是强行奉行自我主张而是会询问意见的人。这样，双方就做好了朝着同一方向前进的准备。

▶ 对对方而言是自己的事吗

站在对方的立场来看，突然被外人否定，不分青红皂白地指责时，肯定心怀不忿，心想"你们懂什么啊"。和对方还是陌生人时，无论你提出怎样的提案，通常都会招致对方的冷眼相待。只有被对方接受认可后，你的提案才能被摆上桌面讨论。

建筑师谷尻诚[①]曾说过，设计出好的建筑，其条件是与委托人（客户）成为"共犯"关系。我认为这里的"共犯"一词用得很妙，当然它并不是指违法犯罪的共犯，而是重视共鸣之后双方产生的共同策划的感觉，这是非常重要的。

以前，我认为演示的功能（效果）分"说明→说服→共鸣"三个阶段，其中共鸣是最高阶段，但如今我认为"共犯"才是巅峰。"共犯"关系下客户也是"同罪"，双方可以共同去完成前所未有的有趣尝试。对演示来说，最重要的是建立起超越共鸣的"共犯"关系。

---

① 日本新锐建筑师，曾获日本优良设计奖、日本住宅环境设计奖等。——译者注

> **演示的效果**　说明→说服→共鸣→"共犯"

如上所述,你将对方视为专家并尊重他们,按照"共鸣""言中""提问"的步骤推进工作,对方不仅不会在情感上拒绝你,还能跟你成为伙伴,一起思考推动项目向好发展的点子。此时,对方已经把项目当成了自己的事,如此便有了建立共犯关系的基础。虽然这样做很难,也会绕远路,但我认为一定要这么做,才能实现理想的未来蓝图。

我认为与客户建立起"共犯"关系是演示者的工作之一。如果你事先就能让对方将演示当成自己的事情,与对方建立起伙伴意识,演示时的氛围会完全不同。在Good Nature Station的项目中,我们通过与全体成员的交流,发现了很多痛点,收集了无数专业意见与宝贵建议,在此基础上,我们使用生活共鸣图,为其加入故事,将其升华为新的愿景与理念,再以演示的形式重新呈现给全体项目成员。

当时,我们制定的愿景是Good Nature Station(项目直接以愿景命名),理念是以信任创造美味与快乐。正是在新愿景与新理念的指引下,我们才能完成这次提案,该提案涵盖了从酒店到商业设施管理、符合故事主题的产品群及餐饮店等的引进、设施内的设计装修与新体验的创造等内容。

进行提案演示时，包括社长在内的人都成了我方的伙伴，且提案内容基于讨论过的内容，包含了大家的想法，所以提案被盛赞并顺利通过。最终，我们用一年努力赶上了开业。如果那时候我们为了节约开业前一年中那一个月的沟通时间，直接单方面地陈述我方认定的方案，势必会进展不顺。那样的话或许我们如今正因项目破产而不甘，懊悔自己什么都没做成。

正所谓欲速则不达，这一年教会了我花时间认真筛选不满以及与对方建立"共犯"关系的重要性。

京都的Good Nature Station

▶ 沟通中的推与拉

演示中巧妙的说话方式有两种：一种是如何巧妙地说服对方的推式沟通；另一种是拉式沟通，即如何巧妙地引导对方说话，让对方与我们一起思考并产生共鸣。那么，演示时应该注意哪一种说话方式呢？其实是后者，也就是拉式沟通。根据我目前的经验，那些演示中被称为无敌的人，与其说是善于表达，不如说是善于倾听。

善于倾听的人就算处在演示者的位置上，一旦对方开始讲话，他们就会自动切换为优秀的倾听者，并自然转变为引导对方讲话的角色。而且，他们并不会像审问他人那样打破砂锅问到底，而是引导对方说出自己想说的内容。与之相反，在演示中失败的人多是一听到对方讲话就忍不住插话的类型。"说起来我也有过这样的经历呢""如果是我的话会这样做"等，像这样迅速抢过话头。提问的时候也是如此，"那后来怎么样了呢""那是什么时候啊"这样问答式的对话也会让对方感到不舒服。于是对话就无法继续，对方刚刚燃起的兴致立刻就被浇灭了。类似这样表达型的人或提问型的人可能在沟通中是有效果的，但却无法让人亲近（我在讲源头思维时也提到过，尽量不要一直追问，而要先听再问），因此，我认为他们难以与客户建立长期商务关系，也无法获得客户由衷的信赖。

> 演示时，善于表达不如善于倾听。

相反，擅长引导讲话的人会让人产生想跟这个人一直聊的感觉，如此一来，对方就会说真话，表达真实的不满。在此基础上，如果我们能认真说明我们的想法或企划内容，就可以让对方对演示内容产生亲近感。细想一下确实如此，相较于强加给对方的想法，对方自身也有参与其中，这样得出的想法更能让人深思。因此，在提案中加入对方的想法，进行拉式沟通才显得尤为重要。

有人可能会提出疑问："但演示的目的就是将我方想法传达给对方，所以有必要认真陈述自己的意见，向对方输出我方的想法不是吗？"演示中的推式沟通固然重要，甚至可以说是基础，但我们要意识到拉式沟通的占比也很重要，拉式沟通与推式沟通的比例至少要达到5∶5，甚至7∶3。这样说是因为传达重于表达，虽然向对方表达我方想法很重要，但为了让对方理解，需要引导他们提问或发表感想，甚至提出相反意见，然后在认真听取他们的意见后，互相讨论，以此加深对方的理解，这一点很关键。因此，像上文提到的应答五条那样的思想准备也很重要。演示中推式沟通是基础，我们若将更多的意识放在拉式沟通上，则能够达成一种巧妙的平衡。

▶ 缺乏倾听能力的商务人士

据我所知，大多数演示者都不愿意改变自己的决定。为了贯彻自己的想法，很多人会变着花样地巧言诱导，强推自我主张。昭和时代的商务场景中，这样的演示是惯例，但当今时代，如果依然这样只会令人反感。如今，我们需要认真倾听客户想法并灵活应对。不过这一过程中明确自己的意见也很重要，这样才能做出令人喜爱的演示。

我有时会根据对方的状况和气氛，当场调整演示内容，有时也会放弃演示，将其推迟进行。原因是我的演示理念是"做出让对方满意的演示"，而不是"展示我准备好的演示资料"。我认为这样的意识才是令客户喜爱的秘诀。

✗ 展示准备好的演示资料

◯ 做出让对方满意的演示

我在前文中讲过，要做出令人喜爱的演示，拉式沟通以及作为其原动力的倾听能力很重要。但遗憾的是，如今在日本，重视倾听能力的人较少。有的人认为，与欧美人相比，日本人不擅长表达，不擅长在人前发言。但我认为一些日本人不是缺乏表达能力，而是缺乏倾听能力。表达能力与倾听能力相辅相成，只有深入倾听、深入思考才能够深度表达。在日本，无论是直接表达还是深入询问对方的事情，都被认为是不够得体的行为。而我也多次强调，如果演示内容传达不到位，对方没有理解，那就毫无意义。不了解客户心声就无法做出好的提案，所以倾听能力与表达能力处于同等重要甚至更重要的位置，请务必掌握倾听客户心声的能力。

然而，我们去日本的书店就会发现，关于倾听能力的书少之又少，而关于表达能力的书却数不胜数，有学习欧美人使用身体语言来表达的书，也有传授吸引客户的技巧的书。但实际上浮夸的行为或据理力争式的表达方式对很多日本人而言难度太大了（至少我做不到）。再者，我认为今后远程会议将占据主流，推式沟通将日渐消退。这是因为在重视效率的会议中，大家会更重视让人心情愉悦的会话，所以一定会对那些只会表达，不懂倾听的人敬而远之。因此在当今时代，如果我们以做出令人喜爱的演示为目标，就要重视拉式沟通。在当今时代，只有让对方觉得舒服，觉得很亲近，并且喜欢与之聊天，觉得可以与之长时间待在一起的人才会被选择。

▶ 成为对方想选择的人

讲到这里，本书也接近尾声了，在此我想和大家谈谈演示的制胜法宝。它既不是内容也不是提案方法，而是通过个人的期望值取胜的方法。

实际上，我曾做过一次非常失败的演示。平时，我虽然会为我方的方案完成度不高或想法没有传达到位而懊恼，但内容上我认为我们是胜于对手的，然而只有那一次让我感到手足无措的完败。

那次演示是竞争演示（从数家代理商的提案中选择一家），我们精心准备了多个有趣的方案到现场做了演示，也获得了不错的反响，结果却输给了某位竞争对手的提案，更令我们心有不甘的是那位演示者还没有来到现场。与我们团队竞争的是当时接二连三创作热门广告、横扫国内外大奖的知名创作者，但我们认为他不可能不来到现场，然而当天就发生了这样不可思议的事，现场以播放视频代替演示。在视频中，他先是这样说的："这次由于某些原因，我无法来到现场，但如果能赢得这次机会，我将全力投入工作，以下是我过去的作品。"之后，视频中播放了他过去的作品，播放完毕，他又说了句"请多关照"就结束了。他并没有提案，但我们却输了，输给了他的零提案。

后来回想这件事时，我并没有懊恼，反而想着"确实，要是我看了他的视频，也会选他的"。当然这种情况建立在那个人有实际成果的前提之下，再加上客户本身就有想邀请他制作有趣广告的意向，所以我并不建议大家轻易效仿这种演示方法。

在此我想表达的是，如果你成为对方想选择的人，就无人能敌了。话题至此，要讲的就不再是演示的心得或方法，而是与人的生活方式或经历相关的事情，所以无法传授具体的方法论，但是我希望大家尽量成为对方想选择的人。如果只是模仿前辈或领导的做法工作，那么再怎么努力充其量也只会成为对方可以选择的人。要超越这个层面，成为对方想选择的人，除了具备满足客户信赖的各种基础条件，还有很重要的一点，那就是积累提升客户期望值的实际业绩，如果能更进一步，让客户产生想与你共事的情感的话，那就再好不过了。

那么该如何做呢？当然，做好眼前的工作，不断精进，在工作中取得出色的成果也是一种不错的选择，但如果你还年轻，那就不应该满足于日常工作，而应该进行各种尝试，比如，尝试策划有趣的活动、运营小社群、坚持追求兴趣爱好……内容不限，你只需要行动起来并充分展现自我。只要领导、同事或客户关注到你，相关的工作机会、新的企划就会找上门来。

如果你已经有了丰富的人生经历，那么投入全新的兴趣和爱好中也是不错的选择。不管是工作之内还是工作之外，只要不断挑战，就能结识新的朋友。如此一来，就能拓宽自己擅长的领域，而且还会增加被客户认可的机会。尤其是现在的时代，追求特别的兴趣爱好会收获特别的关注。要是能在与日常完全无关的领域，造就特别的另一个自己，就一定能成为对方想选择的人。

我把这种跳出本行业的活动称为"跨界"，这种跨界正是产生期望值的力量。我的本业是广告文案撰稿人，但同时我也在尝试完全不同的事情，例如从事城市开发、尝试戏剧、经营牛肉汉堡店等。而且，每次踏入新的领域，我都能感到周围人对我的期望值在上升，因为新的世界会造就新的自己，产生新的价值。

大家可以从现在开始加入自己感兴趣的社群，这样一来，获取的信息会增加，视野会更开阔，讲故事的素材也会更丰富，你会成为一个有趣且值得期待的人，而这正是在工作中成为对方想选择的人的第一步。

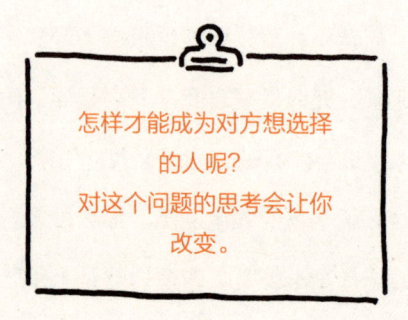

> 怎样才能成为对方想选择的人呢?
> 对这个问题的思考会让你改变。

▶ 对不满保持兴奋,工作与人生都将向好

最后,我想谈谈我的企划与提案哲学,用一句话概括就是要对不满保持兴奋。

我强调过很多次,不满是孕育一切的种子,因为我们祈愿更美好的未来,所以才会对现状产生不满。因此,不满与未来是一对,如果我们对不满保持兴奋,自然就会对未来保持兴奋,就会忍不住畅想更有趣的未来。环顾世界,对其中的不满感到兴奋的话,一定会产生新的想法,而这些想法会打动客户和领导的心,带动周围的人共同推动世界,创造未来。

我常常在兴奋中工作,可能在周围人看来我是个怪人,总是笑呵呵地畅想未来。我一边面对社会和公司的不满,一边挖掘社会问题,畅想未来,构思理念,推敲计划。在这个过程中,我始终处于兴奋状态。有时候我会站在对方的立场上,假设对方执行我的计划后取得了成功，然后不由自主地笑起来。以这种心情做出简单易懂的提案，将自己的想法原原本本地表述出来，这就是演示的全部。

我把这部分放在本书最后讲，是因为"对不满意保持兴奋"这一想法非常重要。能够对不满保持兴奋就不会对现状绝望，也不会悲观看待问题，而是会把一切都看作创造未来的种子，对生活充满期待。我认为，我们可以用语言创造让世界变得更美好的机制。

这次，我想写一本关于演示的书，是因为我认为演示与工作和生活中的一切都息息相关，而且演示本身就是一种使用语言让人感到幸福的机制。任何工作、任何生活都存在不满，将这些不满与激动人心的未来联系起来，这就是演示。请大家务必抱着对不满保持兴奋的心情审视现状，做出展望未来的演示。

专栏

演示手记6：拥有"质疑能力"

有人常说讲话要让小孩子都能懂，这一点确实很重要。大人的察言观色或心领神会等在小孩子那里是行不通的，对大人的这一套方式，小孩子都爱问"为什么"，而逻辑在小孩子这里就等于无聊。但我认为小孩子的理解力很强，他们拥有直击事物本质的能力，而且小孩子"为什么""无聊"的反应可以有意识地运用到演示中。因为是工作，所以演示中大人有时候也许只是装作在听的样子，其实完全没听懂。如此一想，就会明白自己的演示中可能存在应该跨越的障碍。

我总是以孩子的视角来审视我的演示，用"这是什么""为什么"的思维进行验证，对晦涩的词语说"这是什么"，逻辑不通时问"为什么"，不断重复这样的自问自答，然后将发现问题的地方全部替换成简单的表述和简单的逻辑。在"箭头检查法"部分我也讲过，这样你的想法会更接近核心，你的演示也会更容易理解，一切都能轻松地传达到位。

　　我把不断发出"这是什么""为什么"等问题的能力称为质疑能力。所谓"质疑能力"，就是我们要把注意力集中在平时会忽略的小问题或逻辑的小破绽上，暂时停下脚步，询问"这是什么""为什么"，通过这样的提问寻找新答案的能力。

　　有了第二章提到的源头思维以及这里讲的质疑能力，就可以发现平时未发现的改善点。例如，一度忽视但其实应该深化更新的工作中的理所当然，演示中的一些其他问题也会显现出来。质疑能力是发现应该改善的问题点的契机，这种能力不仅会对演示产生影响，对生活方式也有积极影响。比如，不会轻信社交媒体上某个人说的话，也不会不加分辨地相信各种新闻信息，而是不放过任何有疑问的地方。对我而言，质疑能力是非常重要的思维方式，也是演示的重要指南。

结语

过度计划会让魔法消失

结语 过度计划会让魔法消失

说了这么多,请允许我最后说两件重要的事。

几年前,我在其他国家看到一件T恤,上面写着一句很棒的话:"过度计划会让魔法消失。"看到这句话的时候,我不禁拍手称赞:"就是这样!"做演示是一件有意思的事,但有时我们投入的时间和精力越多,结果却越糟糕。相反,有时时间紧迫,我们反而能做出一些出色的企划案,甚至入职一年的新员工有时也会拿出一些很厉害的创意。

在本书的开头我就讲过,我认为优秀演示应该是简单的,我的信念是,无论是演示还是企划,归根结底,重要的是不要矫揉造作。好的食材不需要多余的调料,原味就是最美味的。商业演示同样如此,找到好的素材后,直接将其作为提案提出,这样往往能将其优点如实传达给对方。

正如我们有时会被单一手绘线条的小静物画所吸引,而不是被多种颜色构成的巨幅画作所吸引一样,用简单的逻辑做出的演示往往能催生"感→动",简单提案中的留白处变成了汇聚好创意的极佳空间。

准备不充分固然不可取,但准备过度反而会让人失去乐趣。要做出令人喜爱的演示,一定程度的"娱乐"是必要的。在保留娱乐性的同时做出简单的演示，这就是我现在的问题。

另外，我还意识到了另一件很重要的事，那就是不能说谎。也许你会觉得不能说谎是小孩子都懂的道理，但是，如果你沉迷于在演示中获胜，就很容易忘记这个基本原则。我也见过很多人因为太过专注于做好演示而看不清周围的状况，最终因为说谎而导致失败。

然而，演示结束了，人生还在继续。就算在演示中巧妙地骗过了对方，自己的人生和对方的人生也都还在继续。如果背叛了一起奋斗过的团队成员，就算最终取得了成功也只会感到羞愧。那样的话，即便赢了演示，也会输了人生。人生始终在继续，因此，我们也要关注演示之外的生活，这也是我工作中重要的事。

经营企业时，人们很容易产生一种错觉，认为商业上的目标就是终点，比如售卖产品、招人等。但我们必须意识到，销量高对企业来说是目标，但对购买产品的人来说是起点。

企业经营者不应该想着销量高就行，而是应该想着为产品购买者带来幸福，在此前提下来进行演示。做一些华而不实的宣传，看起来很酷炫，让人把产品买回家，结果买了产品的人并没有因此变得幸福，这样就本末倒置了。相比之下，我们更需要这样的产品：虽然看着很朴素，但买了之后能让人变得幸福，心情变好。从长远来看，这样才能令人喜爱。因此，花哨但不实在的演示毫无意义。

今后的演示应该有这样的责任感：演示内容应该准确地传达给对方，并最终实现演示目标。而这个目标完成后，演示者和对方的关系仍会继续下去。正所谓，演示结束了，人生还在继续。正因如此，我认为我们应该诚实地面对自己和对方的心，以做出令人喜爱的演示为目标。